KB212856

清涼國師華嚴經疏鈔

청량국사화엄경소초 26

사성제품

청량징관 찬술 · 관허수진 현토역주

운주사

서언

천이백 년 침묵의 역사를 깨고

오늘도 나는 여전히 거제만을 바라본다.

겹겹이 조종하는 산들

산자락 사이 실가닥 저잣길을 지나 낙동강의 시린 눈빛

그 너머 미동도 없는 평온의 물결 저 거제만을 바라본다.

십오 년 전 그날 아침을 그리며 말이다.

나는 2006년 1월 10일 은해사 운부암을 다녀왔다.

그리고 그날 밤 열한 시 대적광전에서 평소에 꿈꾸어 왔던 『청량국사 화엄경소초』 완역의 무장무애를 지심으로 발원하고 번역에 착수하였다.

나의 가냘픈 지혜와 미약한 지견으로 부처님의 비단과도 같은 화장세계에 청량국사의 화려하게 수놓은 소초의 꽃을 피워내는 긴 여정을 시작한 것이다.

화엄은 바다였고 수미산이었다.

그 바다에는 부처님의 용이 살고 있었고

그 산에는 부처님의 코끼리가 노닐고 있었다.

예쁘게 단장한 청량국사 소초의 꽃잎에는 부처님의 생명이 태동하고 있었고,

겁외의 연꽃 밭에는 영원히 지지 않는 일승의 꽃이 향기를 뿜어내고

있었다.

그 바다 그 산 그리고 그 꽃밭에서 10년 7개월(구체적으로는 2006년 1월 10일부터 2016년 8월 1일까지) 동안 자유롭게 노닐었다.

때로는 산 넘고 강 건너 협곡을 지나고

때로는 은하수 별빛 따라 오작교도 다니었다.

삼경 오경의 그 영롱한 밤

숨쉬기조차 미안한 고요의 숭고함

그 시공은 영원한 나의 역경의 놀이터였다.

애시당초 이 작업은 세계 인문학의 자존심

내가 살아 숨쉬는 이 나라 대한민국 그리고 불교의 자존심에 기인한 것이다.

일찍이 그 누가 이 청량국사의 『화엄경소초』를 완역하였다면 나는 이 작업을 하지 않았을 것이다.

지금도 여전히 완역자는 없다.

더욱이 이 『청량국사화엄경소초』의 유일한 안내자 인악스님의 『잡화기』와 연담스님의 『유망기』도 그 누가 번역한 사실이 없다.

그러나 내 손안에 있는 두 분의 『사기』는 모두 다 번역하여 주석으로 정리하였다.

이 청량국사 화엄경의 소는 초를 판독하지 않으면 알 수가 없다.

그래서 그 이름을 구체적으로 대방광불화엄경수소연의초大方廣佛華嚴經隨疏演義鈔라 한 것이다.

즉 대방광불화엄경의 소문을 따라 그 뜻을 강연한 초안의 글이라는 것이다.
청량국사는 『화엄경』의 소문을 4년(혹은 5년) 쓰시되 2년차부터는 소문과 초문을 함께 써서 완성하시고 5년차부터 8년 동안 초문을 쓰셨다.
따라서 그 소문의 양은 초문에 비하면 겨우 삼분의 일에 지나지 않는다 할 것이다.

나는 1976년 해인사 강원에서 처음 『청량국사화엄경소초 현담』 여덟 권을 독파하였고,
1981년부터 3년간 금산사 화엄학림에서 『청량국사화엄경소초』를 독파하였다.
그때 이미 현토와 역주까지 최초 번역의 도면을 완성하였고,
당시에 아쉽게 독파하지 못한 십정품에서 입법계품까지의 소초는 1984년 이후 수선 안거시절 해제 때마다 독파하여 모두 정리하였다.

그러나 번역의 기연이 맞지 않아 미루다가 해인사 강주시절 잠시 번역에 착수하였으나 역시 기연이 맞지 않아 미루었다.
그리고 드디어 2006년 1월 10일 번역에 착수하여 2016년 8월 1일 십만 매 원고로 완역 탈고하고, 2020년 봄날 시공을 초월한 사상 초유 『청량국사화엄경소초』가 1,200년 침묵의 역사를 깨고 이 세상에 처음 눈을 뜨게 된 것이다.

번역의 순서는 먼저 입법계품의 소초, 다음에는 세주묘엄품 소초에서 이세간품 소초까지, 마지막으로 소초 현담을 번역하였다.
번역의 형식은 직역으로 한 글자도 빠뜨리지 않고 번역하였다.
따라서 어색하게 느껴지는 곳도 있을 것이다.
예를 들면 소所 자를 "바"라 하고, 지之 자를 지시대명사로 "이것, 저것"이라 하고, 이而 자를 "그러나"로 번역한 등이 그렇다.
판본은 징광사로부터 태동한 영각사본을 뿌리로 하였고, 대만에서 나온 본과 인악스님의 『잡화기』와 연담스님의 『유망기』와 또 다른 사기 『잡화부』(잡화부는 검자권부터 광자권까지 8권만 있다)를 대조하여 번역하였다.

앞에서 이미 말한 것처럼, 그 누가 청량국사의 『화엄경소초』를 완역한 적이 있었다면 나는 이 번역에 착수하지 않았을 것이다.
지금까지 이 황금보옥黃金寶玉의 『청량국사화엄경소초』가 번역되지 아니한 것은 나에게 주어진 시대적 사명이고 역사적 명령이라 생각한다.
나는 이 『청량국사화엄경소초』의 완역으로 불조의 은혜를 갚고 청량국사와 은사이신 문성노사 그리고 나를 낳아준 부모의 은혜를 일분 갚는다 여길 것이다.

끝으로 이 『청량국사화엄경소초』가 1,200년의 시간을 지나 이 세상에 눈뜨기까지 나와 인연한 모든 사람들 그리고 영산거사 가족과 김시열 거사님께 원력의 보살이라 찬언讚言하며, 나의 미약한 번역으로 선지자의 안목을 의심케 할까 염려한다.

마지막 희망이 있다면 이 『청량국사화엄경소초』의 완역 출판으로 청량국사에 대한 더욱 깊고 넓은 연구와 『화엄경』에 대한 더욱 다양한 연구가 이루어지기를 바라는 것뿐이다.

장세토록 구안자의 자비와 질책을 기다리며 고개 들어 다시 저 멀리 거제만을 바라본다.

여전히 변함없는 저 거제만을.

2016년 8월 1일 절필시에 게송을 그리며

長廣大說無一字 장광대설무일자
無碍眞理亦無義 무애진리역무의
能所兩詮雙忘時 능소양전쌍망시
劫外一經常放光 겁외일경상방광

화엄경의 장대한 광장설에는 한 글자도 없고
화엄경의 걸림없는 진리에는 또한 한 뜻도 없다.
능전의 문자와 소전의 뜻을 함께 잊은 때에
시공을 초월한 경전 하나 영원히 광명을 놓누나.

불기 2566년 음력 1월 10일 최초 완역장
승학산 해인정사 관허 수진

● 화엄경소초현담華嚴經疏鈔玄談(1~8)

● 화엄경소초華嚴經疏鈔

1. 세주묘엄품世主妙嚴品
2. 여래현상품如來現相品
3. 보현삼매품普賢三昧品
4. 세계성취품世界成就品
5. 화장세계품華藏世界品
6. 비로자나품毘盧遮那品
7. 여래명호품如來名號品
8. 사성제품四聖諦品
9. 광명각품光明覺品
10. 보살문명품菩薩問明品
11. 정행품淨行品
12. 현수품賢首品
13. 승수미산정품昇須彌山頂品
14. 수미정상게찬품須彌頂上偈讚品
15. 십주품十住品
16. 범행품梵行品
17. 초발심공덕품初發心功德品
18. 명법품明法品

19. 승야마천궁품昇夜摩天宮品

20. 야마천궁게찬품夜摩天宮偈讚品

21. 십행품十行品

22. 십무진장품十無盡藏品

23. 승도솔천궁품昇兜率天宮品

24. 도솔천궁게찬품兜率天宮偈讚品

25. 십회향품十迴向品

26. 십지품十地品

27. 십정품十定品

28. 십통품十通品

29. 십인품十忍品

30. 아승지품阿僧祇品

31. 여래수량품如來壽量品

32. 보살주처품菩薩住處品

33. 불부사의법품佛不思議法品

34. 여래십신상해품如來十身相海品

35. 여래수호광명공덕품如來隨好光明功德品

36. 보현행품普賢行品

37. 여래출현품如來出現品

38. 이세간품離世間品

39. 입법계품入法界品

영인본 4책 暑字卷之二

대방광불화엄경수소연의초 제십이권의 이권
大方廣佛華嚴經隨疏演義鈔 第十二卷之二卷

우진국 삼장사문 실차난타 번역

청량산 대화엄사 사문 징관 찬술

대한민국 조계종 사문 수진 현토역주

사성제품 제팔권

四聖諦品 第八卷

疏

釋此一品에 五門分別하리라 初來意者는 此品은 廣前種種語業하야 卽答前佛說法問이며 亦遠答前會佛演說海之一問故라 旣知佛可歸일새 次知法可仰이니 上名은 隨物立이요 今法은 逐機差일새 故次來也니라

이 한 품을 해석함에 오문五門으로 분별하겠다.
처음에 이 품이 여기에 온 뜻은 이 품은 앞[1]에 가지가지 어업을 널리 나타내어[2] 곧 앞[3]에 부처님의 설법에 대한 질문을 답한 것이며

---

1 앞이란, 영인본 화엄 4책, p.397이다.

2 이 품은 앞에 가지가지 어업을 널리 나타내어 운운한 것은 앞의 수문별현隨門別顯에 문장을 나누어 세 가지로 하리니(영인본 화엄 4책, p.406, 5행) 처음에는 이 품이 끝날 때까지 신명身名이 차별함을 분별하여 위의 불주佛主의 물음(영인본 화엄 4책, p.345)에 답하고 가까이는 가지가지 몸 등(영인본 화엄 4책, p.397)을 널리 나타낸 것이니 색상 등이 다 몸에 속하는 까닭이다. 두 번째는 사성제품은 언교言教가 두루함을 분별하여 부처님이 설하신 바 법의 물음(영인본 화엄 4책, p.345)에 답하고 가까이는 가지가지 어업語業(영인본 화엄 4책, p.397)을

또한 멀리 전 회에[4] 부처님 연설의 바다(佛演說海)에 대한 한 가지 질문을 답한 까닭이기도 하다.
이미 부처님 가히 귀의할 줄 알았기에 다음[5]에 법法 가히 우러를 줄 알아야 할 것이니,
위에 부처님의 이름은 중생을 따라 세운 것이요 지금에 법은 근기를 좇아 차별하기에 그런 까닭으로 여래명호품 다음에 여기에 왔다.

疏

二는 釋名이라 於中에 言四聖諦者는 聖者는 正也니 無漏正法이 得在心故니라 諦는 有二義하니 一者는 諦實이요 二者는 審諦라 言諦實者는 此約境辨이니 謂如所說相하야 不捨離故며 眞實故며 決定故니 謂世出世의 二種因果가 必無虛妄하며 不可差失이라 言審諦者는 此就智明이니 聖智觀彼하야 審不虛故니라 凡夫는 雖

나타낸 것이다. 세 번째는 광명각품은 광명의 바퀴가 궁극까지 비춤을 밝혀 위에(영인본 화엄 4책, p.345) 위덕과 법성과 보리의 세 가지 물음에 답하고 가까이는 가지가지 관찰(영인본 화엄 4책, p.397)을 널리 나타낸 것이다. 그 다섯 구(五句)의 의보(영인본 화엄 4책, p.345)는 다만 현상답現相答만 있나니 널리 말한 것은 전 회(第一會)에 있는 까닭이다 하였다.

3 앞이란, 영인본 화엄 4책, p.345이다.

4 또한 멀리 전 회라고 한 아래는 일회一會에는 세계해世界海·안립해安立海를 답하였고, 이회二會에 명호품名號品은 전불명호해문前佛名號海問을 답하였고, 사성제품은 전불연설해문前佛演說海門을 답하였다.

5 '이미'란 전불명호품前佛名號品이고, '다음'이란 차사성제품此四聖諦品이다.

有苦集이나 而不審實일새 不得稱諦어니와 無倒聖智는 審知境故니 故名聖諦니라 故로 瑜伽九十五云호대 由二緣故로 名諦니 一은 法性故요 二는 勝解故라 愚夫는 有初無後어니와 聖具二故로 偏說聖諦라하니라 四는 謂苦集滅道니 總云四聖諦는 帶數釋也라

두 번째는 이름을 해석한 것이다.
그 가운데 사성제라고 말한 것은 성聖이라고 한 것은 정正이라는 뜻이니
무루정법이 마음에 있음을 얻은 까닭이다.
제諦라고 한 것은 두 가지 뜻이 있나니
첫 번째는 진리(諦)가 진실하다는 것이요
두 번째는 진리(諦)를 잘 안다는[6] 것이다.
진리가 진실하다고 말한 것은 이것은 경계를 잡아서 분별한 것이니 말하자면 설한 바 모습과 같아서 서로 버리거나 떠나지 않는[7] 까닭이며 진실한 까닭이며 결정한 까닭이니,
말하자면 세간과 출세간의 두 가지 인과가 반드시 허망함이 없으며 가히 차이가 없는 것이다.[8]

---

6 원문에 심제審諦란, 성인의 지혜로 진리를 잘 안다는 것이다.

7 원문에 불사리不捨離란, 강사가 말하기를 소설상所說相과 기명其名이 서로 떠나지 않는 것이니, 고苦는 고명苦名과 같아서 결정코 이 고苦인 등이다 하였다. 역시 『잡화기』의 말이다.

8 원문에 세출세이종인과世出世二種因果는 위에 소설상所說相을 해석한 것이고, 필무허망必無虛妄은 위에 진실구眞實句를 해석한 것이고, 불가차실不可差失은 위에 불사리不捨離와 결정구決定句를 해석한 것이다. 이상은 다 『잡화기』의

진리를 잘 안다고 말한 것은 이것은 지혜에 나아가 밝힌 것이니 성인의 지혜로 저 사제를 관찰하여 허망하지 아니한 줄 잘 아는 까닭이다.
범부는 비록 고苦·집集이 있지만 진실한 줄 알지 못하기에 진리(諦)라고 이름함을 얻을 수 없거니와 전도가 없는 성인의 지혜는 경계를 잘 아는 까닭이니 그런 까닭으로 성제라고 이름하는 것이다.
그런 까닭으로 『유가사지론』 구십오권에 말하기를 두 가지 인연을 인유한 까닭으로 제諦라고 이름하나니
첫 번째는 법성[9]인 까닭이요
두 번째는 수승한 지해[10]인 까닭이다.
어리석은 범부는 처음에 법성은 있고 뒤에 수승한 지해는 없거니와 성인은 두 가지를 다 갖춘 까닭으로 치우쳐 성제라고 말한다 하였다.
사四라고 한 것은 말하자면 고·집·멸·도이니
한꺼번에 사성제라고 말한 것은 대수석帶數釋이다.

鈔

二에 釋名者는 疏文有二하니 先正釋名이라 經論廣明일새 今文略具요 五地復釋일새 今當略辯하리니 初得名이라 言諦實下는 雙釋二義니 諦通二義요 聖之一字는 唯屬審諦이라 故瑜伽下는 三에 引證二義

말이다.

9 법法은 제諦이고, 성性은 실實이다.

10 원문에 두 번째 승해勝解는 앞의 두 번째 심제審諦이다.

니 法性은 是諦實이요 勝解는 是審諦라

두 번째 이름을 해석한 것이라고 한 것은 소문에 두 가지가 있나니
먼저는 바로 이름을 해석한 것이다.
『열반경』과 『유가론』에 널리 밝혔기에 지금 소문에서는 간략하게
구족하였고, 오지五地에서 다시 해석할 것이기에[11] 지금 소문에서는
마땅히 간략하게 분별하였나니
처음에는 이름을 얻은 것이다.

진리가 진실하다고 말한 아래는 두 가지 뜻을 함께 해석한 것이니
제諦는 두 가지 뜻[12]에 다 통하고
성聖의 한 글자는 오직 두 번째 진리를 잘 안다는 것에만 속하는
것이다.
그런 까닭으로 『유가론』이라고 한 아래는 세 번째 두 가지 뜻을
인증하는 것이니
첫 번째 법성이라고 한 것은 이 진리가 진실하다고 한 것이요
두 번째 수승한 지해라고 한 것은 이 진리를 잘 안다고 한 것이다.

---

11 오지五地에서 다시 해석할 것이라고 한 것은 영인본 화엄 4책, p.446, 6행 초문에 오지의 말을 인용하여 오지에 십중으로 관찰함을 현시하되 첫 번째는 속제를 잘 아는 것이요, 두 번째는 제일의제를 잘 아는 것이요 운운하였으니 참고할 것이다.

12 두 가지 뜻(二義)은 一은 제실諦實이고, 二는 심제審諦이다.

疏

性相云何고 逼迫名苦니 卽有漏色心이요 增長名集이니 卽業煩惱요 寂靜名滅이니 謂卽涅槃이요 出離名道니 謂止觀等이라 此約相說이니 通大小乘이라 智論云호대 小乘은 三是有相이요 滅是無相이어니와 大乘은 四諦를 皆是無相이라하니라

자성(性)과 모습(相)이 어떠한가.[13]
핍박을 고라 이름하나니 곧 유루색심이요
증장을 집이라 이름하나니 곧 업번뇌요
적정을 멸이라 이름하나니 말하자면 곧 열반이요
벗어나는 것을 도라 이름하나니 말하자면 지止·관觀 등이다.
이것은 모습을 잡아 설한 것이니 대승과 소승에 통하는 것이다. 『지도론』에 말하기를 소승은 고·집·도 세 가지를 유有의 모습이라 하고 멸을 무無의 모습이라 하였거니와, 대승은 사제를 다 무無의 모습이라 한다 하였다.

---

13 자성(性)과 모습(相)이 어떠한가라고 한 아래는 생멸사제生滅四諦이다. 사제四諦의 각 자성自性과 자상自相이니 자상自相은 곧 명상名相이요, 자성自性은 곧 체성體性이니 초문鈔文 중에 체상體相이라는 글자로 더불어 같다 하겠다. 『잡화기』의 뜻도 이와 같다. 단 강사가 말하기를 초문 가운데 변성상辨性相이라는 글자로 더불어 같다 하니, 그 뜻이 그렇지 않을까 염려한다는 말이 더 있다.

鈔

性相云何下는 第二에 辯體相이니 謂正出體性이 卽說行相일새 故名體相이라 於中亦二니 先은 辯性相이요 二는 屬經結示라 今初니 通有天台의 四四諦意니 四四諦者는 玄文已具일새 今略列名하리라 一은 生滅四諦요 二는 無生四諦요 三은 無量四諦요 四는 無作四諦라 依常所釋인댄 但有其二니 或名有作無作이며 或名有量無量이니 有作有量은 卽是小乘이요 無作無量은 卽是大乘이라 今以義開일새 故成四四니 初는 則生滅四諦라 文分爲三하리니 初正明이라 然句皆二義니 一에 逼迫名苦는 則釋別名하야 以當辯相이니 逼迫身心이 是苦行相이요 二에 卽有漏色心者는 正出體也라 色心卽五蘊이니 心是四故며 五盛陰苦故며 不攝無爲故라 增長名集은 是釋名相이니 積集增長故라 卽業煩惱者는 出體라 下二諦는 例知라 而道云等者는 等取八正道이라 此約相說者는 結屬生滅四諦也라 然四諦가 有相有性하니 上所辯性은 是相性也요 下說無相은 是眞性也라 智論云下는 三에 引證이니 通大小乘이며 亦是結前生後니 結前是生滅四諦요 大乘은 四諦皆無相下는 生後無生四諦也라

자성과 모습이 어떠한가라고 한 아래는 제 두 번째 사성제의 자체성과 모습을 분별한 것이니,
말하자면 바로 자체성을 설출하는 것이 곧 행상을 설하는 것이기에 그런 까닭으로 체·상이라 이름하는 것이다.
그 가운데 또한 두 가지가 있나니

먼저는 자성과 모습을 분별한 것이요[14]
두 번째는 경을 묶어 맺어서 보인 것이다.

지금은 처음으로 모두 천태의 사사제의 뜻을 둔 것이니
사사제四四諦라고 한 것은 『현담』 문장에 이미 갖추어 설하였기에[15]
지금에는 간략하게 이름만 열거하겠다.
첫 번째는 생멸사제요
두 번째는 무생사제요
세 번째는 무량사제요
네 번째는 무작사제이다.
보편적으로 해석한 바를 의지한다면 다만 두 가지만 있을 뿐이니
혹은 이름이 유작사제, 무작사제이며
혹은 이름이 유량사제, 무량사제이니
유작사제와 유량사제는 곧 이 소승이요[16]
무작사제와 무량사제는 곧 대승이다.

---

14 원문에 선변성상先辯性相이란, 이것은 사종사제四種四諦를 바로잡아 자성과 모습을 표한 것이니 생멸사제生滅四諦와 무량사제無量四諦는 이 모습이고, 무생사제無生四諦와 무작사제無作四諦는 이 자성이니, 소문疏文에 자성과 모습(性·相)이라는 글자로 더불어 같지 않는 것이다. 역시 『잡화기』의 말이다.

15 원문에 현문이구玄文已具란, 『현담玄談』 4권(p.194), 입오교立五教에서 이미 갖추어 말하였다는 것이다. 그리고 『회현기』 19권, 12장에도 있다. 역시 『잡화기』의 말이다.

16 유량사제는 곧 이 소승이라고 한 것은, 지금에 소주는 곧 유량사제로써 무생사제에 배속하니 곧 이 대승이다. 이상은 『잡화기』의 말이다.

지금에는 뜻으로써 개설하였기에 그런 까닭으로 사사제를 성립하였으니
처음에는 곧 생멸사제이다.

문장을 나누어 세 가지로 하리니
처음에는 바로 밝힌 것이다.
그러나 구절마다 다 두 가지 뜻이 있나니[17]
첫 번째[18] 핍박을 고라고 이름한 것은 곧 따로 이름을 해석하여 마땅히 사제의 모습(相)을 분별한[19] 것이니,
몸과 마음을 핍박하는 것이 이것이 고행의 모습이요
두 번째 곧 유루색심이라고 한 것은 바로 자체를 설출한 것이다.
색·심은 곧 오온이니, 심心이 사四[20]인 까닭이며 오음이 치성한 것이 고[21]인 까닭이며 무위에 섭속되지 않는 까닭이다.

증장을 집이라고 이름한 것은 이것은 명상을 해석한 것이니
쌓아 모아 증장하는 까닭이다.

---

17 그러나 구절마다 다 두 가지 뜻이 있다고 한 것은, 구절이 이 구절의 단段이니 즉 고·집 등이 각각 이 일구一句이다고 『잡화기』는 말한다.

18 원문에 이의二義 아래의 如 자는 一 자가 좋다.

19 원문에 별명別名 아래의 二 자와 변상辯相 아래의 一 자는 없는 것이 옳다.

20 원문에 심시사心是四란, 색色은 하나이고 심心은 네 가지이다. 곧 오온 중 색色은 一이고, 수상행식受想行識의 四는 심心이라는 것이다.

21 원문에 오성음고五盛陰苦는 보통 오음성고五陰盛苦라 한다. 오온五蘊이 곧 오음五陰이다.

곧 업번뇌라고 한 것은 자체를 설출한 것이다.
아래에 멸·도의 이제는 비례하면 알 수 있을 것이다.
그러나 도제를 말하되 등等이라고 한 것은 팔정도 등을 등취한 것이다.

이것은 모습을 잡아 설한 것이라고 한 것은 두 번째 생멸사제를 맺어서 묶은 것이다.
그러나 사제가[22] 모습이 있고 자성이 있나니
위에서 분별한 바 자성은 모습(相)의 자성(性)이요
아래에 말하기를 무無의 모습(相)이라고 한 것은 진실한 자성이다.

『지도론』에 말하기를이라고 한 아래는 세 번째 인용하여 증거한 것[23]이니

---

22 그러나 사제가 운운한 것은, 『잡화기』에 어떤 사람이 말하기를 이미 자성과 모습이 어떠한고 하고 말하여 자성과 모습을 함께 분별하였거늘 또 여기에서 모습을 잡아 설한다 말하니 어찌 서로 어기는 것이 아니겠는가 하기에, 그런 까닭으로 사제를 모두 답하는 가운데 자성이 있고 모습이 있나니, 그러나 위에서 분별한 바 자성은 이 모습 가운데 체성인 까닭으로 어김이 없는 것이다 하였다. 모습이 있다고 한 것은 생멸사제와 무량사제이고, 자성이 있다고 한 것은 무생사제와 무작사제이다. 위에서 분별한 바 자성이라고 한 것은 소문에 자성과 모습이라 한 그 자성이다.

23 인용하여 증거한 것이라고 한 등은 다만 대승과 소승에 통하는 일분의 뜻만 증거한 것일 뿐 온전히 다 증거한 것은 아니니, 이 위에서 말한 바 대승이라고 한 것(영인본 화엄 4책, p.433, 4행에 통대소승이라 한 것)은 이 무량사제이고,

대승과 소승에 다 통하며, 또한 앞의 말을 맺고 뒤의 말을 일으키는 것이니 앞의 생멸사제라는 말을 맺는 것이요
대승은 사제가 다 무의 모습이라고 한 아래는 뒤의 무생사제라는 말을 일으키는 것이다.

疏

涅槃云호대 解苦無苦가 名苦聖諦라하니 謂達四緣生故空인댄 則超筌悟旨成大니라 又涅槃云호대 凡夫는 有苦而無諦며 二乘은 有苦有苦諦나 而無眞實하며 菩薩은 無苦有諦하고 而有眞實이라하니 謂若苦卽諦인댄 三塗之苦가 豈卽諦也리요 二乘이 雖審知之나 而不達法空일새 不見眞實이라

『열반경』에 말하기를 고가 고가 없는 것인 줄 아는 것이 고성제라 이름한다 하였으니,
말하자면 사제가 인연으로 생기한 까닭으로 공한 줄 요달하면 곧 방편(筌)을 뛰어넘어 진실한 공의 뜻[24]을 깨달아 대승을 이룬다는 것이다.
또 『열반경』에 말하기를 범부는 고苦가 있지만 고제苦諦가 없으며[25]

지금에 말한 바 대승이라고 한 것(역시 영인본 화엄 4책, p.433, 4행 『지도론』 이하)은 이 무생사제인 까닭이다. 다 『잡화기』의 말이다.

24 원문에 지旨란, 진실한 공의 뜻이다.

25 원문에 범부유고이무제凡夫有苦而無諦란, 중생衆生은 고통苦痛이 있지만 그

이승은 고도 있고 고제도 있지만 그러나 진실이 없으며[26],
보살은 고가 없지만 고제도 있고 진실도 있다 하였으니,
말하자면 만약 고를 곧 고제라고 한다면 삼도의 고가 어찌 곧 고제이겠는가. 이승이 비록 그것을 잘 알았지만 그러나 법이 공함을 요달하지 못하였기에 진실을 보지 못하는 것이다.

鈔

涅槃云下는 卽無生四諦라 然疏有三하니 初는 引經正明이니 卽十三經에 略示一苦라 若具應云인댄 解集無和合이 名集聖諦며 解滅無滅이며 解道無道等이니 影在次文이라 謂達四下는 二에 以義釋經이니 云何言無生고 四諦從緣하야 無性空故로 名之爲無언정 非斷無也니라 滅雖無爲나 因滅惑顯일새 亦曰從緣이라 言超筌悟旨成大者는 苦集滅道로 以爲空筌이 其猶筌罤로 以求魚兎니 無相空理는 卽爲魚兎요 得魚亡筌은 是悟空旨하야 便成大乘이니 非離四外에 別有大也가 如非離筌하야 而得魚矣니라

『열반경』에 말하기를이라고 한 아래는 곧 무생사제이다.
그러나 소문에 세 가지가 있나니
처음에는 『열반경』을 인용하여 바로 밝힌 것이니

고통苦痛을 제어할 진리인 고제苦諦가 없다는 것이다.

26 원문에 무진실無眞實이라 한 그 진실眞實이란 즉 진제眞諦는 곧 대승大乘의 공空의 진실眞實이다. 이것이 이승二乘은 없다는 것이다.

곧 십삼경에 하나의 고성제만 간략하게 보인 것이다.
만약 갖추어서 응당히 말한다면 집集이 화합이 없는 것인 줄 아는 것이 집성제라 이름하며,
멸滅이 멸이 없는 것인 줄 알며,[27]
도道가 도가 없는 것인 줄 아는 것이다 한 등이니
그윽이 다음 문장에 있다.[28]
말하자면 사제가 인연으로 생기한 까닭으로 공한 줄 요달하면이라고 한 아래는 두 번째 뜻으로써 『열반경』을 해석한 것이니,
어떤 것을 무생이라 말하는가.
사제가 인연으로 좇아 자성이 없어서 공한 까닭으로 그것을 이름하여 무無라고 할지언정 단무(斷無: 끊어서 없어진 것)를 말한 것은 아니다.
멸滅은 비록 무위지만 멸혹을 인하여 나타나기에 또한 인연으로 좇았다고 말하였다.
곧 방편을 뛰어넘어 진실한 공의 뜻을 깨달아 대승을 이룬다고 한 것은 고집멸도로 공의 통발을 삼는 것이, 비유하자면 통발과

---

27 원문에 해멸무멸解滅無滅이라고 한 아래는 『열반경』의 문장이 생략되었다. 갖추어 말하면 곧 멸滅이 멸滅이 없는 줄 아는 것이 멸성제滅聖諦라 이름하며, 도道가 도道가 없는 줄 아는 것이 그 도성제道聖諦라 한 등이라 할 것이다.

28 그윽이 다음 문장에 있다고 한 것은, 『잡화기』에 말하기를 이 가운데 인용한 바 두 곳의 『열반경』이니 처음에 인용한 바 『열반경』은 다만 하나의 고苦만 있고, 다음에 인용한 바 『열반경』은 곧 사제를 다 갖춘 까닭으로 말하기를 그윽이 다음 문장에 있다 한 것이라 하였다.

올무[29]로 고기와 토끼를 구求하는 것과 같나니
무의 모습인 공의 이치는 곧 고기와 토끼가 되고, 고기를 얻음에 통발을 버리는 것은 진실한 공의 뜻을 깨달아 문득 대승을 이루는 것이 되나니
사제를 떠난 밖에 따로 대승이 있지 않는 것이 마치 통발을 떠나서 고기를 얻을 수 없는 것과 같다.

又涅槃云下는 三에 引經證成大小別義니 雙證生滅과 及無生也라 經云호대 善男子야 以是義故로 諸凡夫人은 有苦無諦며 聲聞緣覺은 有苦有苦諦나 而無眞實이며 諸菩薩等은 解苦無苦일새 是故無苦나 而有眞諦니라 諸凡夫人은 有集無諦며 聲聞緣覺은 有集有集諦나 而無眞實이며 諸菩薩等은 解集無集일새 是故無集이나 而有眞諦니라 聲聞緣覺은 有滅非眞이며 菩薩摩訶薩은 有滅有眞諦이니라 聲聞緣覺은 有道非眞이며 菩薩摩訶薩은 有道有眞諦라하니 故引此經하야 兼釋解苦無苦下之三句니라 言謂若苦卽諦下는 釋經凡夫無諦之言이니 涅槃四諦品云호대 佛復告迦葉하사대 所言苦者는 不名苦聖諦니 何以故요 若苦是苦聖諦者인댄 一切畜生과 及地獄衆生도 應有聖諦리라하니라 亦卽思益經文이니 此無諦言은 約審諦說이요 不約諦實이라 若約諦實인댄 三途實苦리라 二乘雖審知之下는 釋二乘有諦無實之言이니 有審諦故로 如實知苦가 不同凡夫의 妄計爲樂이라 無實은 可知라

---

29 蹄는 올무 제 자이다.

또 『열반경』에 말하기를이라고 한 아래는 『열반경』을 인용하여
대승과 소승의 다른 뜻을 증거하여 성립한 것이니
생멸사제와 무생사제를 함께 증거한 것이다.
『열반경』에 말하기를 선남자야, 이런 뜻인 까닭으로 모든 범부의
사람은 고가 있지만 고제가 없으며,
성문과 연각은 고도 있고 고제도 있지만 그러나 진실은 없으며,
모든 보살 등은 고가 고가 없는 것인 줄 알기에 이런 까닭으로
고가 없지만 그러나 진제가 있는 것이다.
모든 범부의 사람은 집이 있지만 집제가 없으며,
성문과 연각은 집도 있고 집제도 있지만 그러나 진실이 없으며,
모든 보살 등은 집이 집이 없는 것인 줄 알기에 이런 까닭으로
집이 없지만 그러나 진제가 있는 것이다.
성문과 연각은 멸이 있지만 진제가 없으며,
보살마하살은 멸도 있고 진제도 있다.
성문과 연각은 도가 있지만 진제가 없으며,
보살마하살은 도도 있고 진제도 있다 하였으니
그런 까닭으로 이 『열반경』을 인용하여 고가 고가 없는 것인 줄
안다고 한 아래에 삼구三句를 겸하여 해석한 것이다.[30]

말하자면 만약 고를 곧 고제라고 한다면이라고 말한 아래는 경에

---

30 고가 고가 없는 것인 줄 안다고 한 아래에 삼구를 겸하여 해석한다고 한 것은 초문 가운데 스스로 분별한 것이고, 소문 가운데 분별한 것을 가리킨 것은 아니다. 이상은 역시 『잡화기』의 말이다.

범부는 사제가 없다는 말을 해석한 것이니,
『열반경』 사제품에 말하기를 부처님이 다시 가섭에게 말씀하시기를
말한 바 고苦라고 한 것은 고성제라고 이름할 수 없나니,
무슨 까닭인가.
만약 고를 고성제라고 한다면 일체 축생과 그리고 지옥 중생도
응당히 성제가 있어야 할 것이다 하였다.
또한 곧 『사익범천소문경』의 문장이니
여기[31]에 사제가 없다는 말은 진리를 잘 안다(審諦)[32]는 말을 잡은
것이고, 진리가 진실하다(諦實)는 말을 잡은 것은 아니다.
만약 진리가 진실하다고 함을 잡는다면 삼악도가 진실로 고라고
해야 할 것이다.

이승이 비록 그것을 잘 알았지만이라고 한 아래는 이승은 사제가
있지만 진실이 없다는 말을 해석한 것이니
진리를 잘 앎(審諦)이 있는 까닭으로 여실하게 고가 범부들이 허망한
계교로 즐거움을 삼는 것과는 같지 아니한 줄 알 것이다.
진실이 없다고 한 것은 가히 알 수가 있을 것이다.

---

31 여기란, 『사익경』이다.

32 원문에 심제審諦는 제諦의 두 가지 뜻에 하나이니, 두 가지 뜻은 一은 제실諦實, 二는 심제審諦이다. 영인본 화엄 4책, p.431, 말행에 말한 바 있다. 또 제諦는 사제로, 실實은 진실로 보기도 한다.

疏

又二乘은 雖知苦相이나 不知無量相이니 故大經云호대 苦有無量相하니 非諸聲聞과 緣覺所知라하며 瑜伽說호대 苦有一百一十이라하니라 然此經中에도 雖彰名異나 卽表義殊하야 以名必召實일새 故是無量四諦義也니라 約一界一諦가 卽有十千인댄 娑婆四諦가 有四百億十千名義리니 而文義包博하고 言含性相이라

또 이승은 비록 고의 모습은 알았지만 고의 한량없는 모습은 알지 못하였나니 그런 까닭으로『대열반경』[33]에 말하기를 고苦에 한량없는 모습이 있나니
모든 성문과 연각이 알 바가 아니다 하였으며,
『유가론』에 말하기를 고에 일백일십 가지가 있다 하였다.
그러나 이『화엄경』가운데도 비록 사제의 이름이 다름을 밝혔지만[34] 곧 그 뜻이 수승함을 표하여 이름(名)으로써 반드시 진실을 불러내기에 그런 까닭으로 이것은 무량사제의 뜻이라 할 것이다.
일계一界에 일제一諦가 곧 십천이 있음을 잡는다면 사바세계에 사제

---

33 원문에 대경이란,『잡화기』에 곧『반열반경』이라 하였다.

34 비록 사제의 이름이 다름을 밝혔지만이라고 한 등은,『잡화기』에 말하자면 이 경 가운데 고苦 등을 들어 말하기를 이 사바세계 가운데 혹은 이름이 죄罪라 운운한 것(영인본 화엄 4책, p.450, 7행)이며, 저 사바세계 가운데 혹은 이름이 죄라 운운한즉 그 뜻은 다만 이 한 고苦가 수많은 이름이 있을 뿐이고, 가히 한량없는 고라 하지 아니한 듯하기에 그런 까닭으로 그렇게 말한 것이다 하였다. 그렇게 말한 것이란 비록 사제의 이름이 운운한 것이다.

가 사백억 십천의 이름과 뜻이 있을 것이니
문장의 뜻이 포함하고 있는 것이 넓고, 말이 자성(性)과 모습(相)을 포함하고 있기 때문이다.

鈔

又二乘下는 第三에 無量四諦라 疏文有三하니 初는 牒上立理라 前不見法空苦性일새 故無眞實하고 此不知無量하야 不見相故로 亦非見實이니 前卽理智故로 但見生空일새 不及菩薩이요 此卽量智故로 但知麤相일새 不及菩薩이니라 故大經云下는 二에 引文證成이니 迦葉白佛言호대 世尊이시여 昔佛一時에 在恒河岸의 尸首林中할재 爾時如來가 取少樹葉하사 告諸比丘하사대 我今手中에 所捉葉多아 一切因地한 草木葉多아 諸比丘言호대 世尊이시여 一切因地한 草木葉多하야 不可稱計하고 如來所捉은 少不足言이니다 諸比丘여 我所覺了一切諸法은 如因大地하야 生草木等이요 爲諸衆生하야 所宣說者는 如手中葉이라하시니 迦葉難言호대 如來所了의 無量諸法이 若入四諦인댄 則爲已說이요 若不入者인댄 應有五諦리다 佛讚迦葉하사대 善哉善哉라 汝今所問이 則能利益安隱快樂無量衆生케하니라 善男子야 如是諸法이 悉已攝在四諦法中하니라 迦葉復白佛言호대 如是等法이 若在四諦인댄 如來何故로 唱言不說하시닛가 佛言하사대 善男子야 雖復入中이나 猶名不說하니라 何以故요 善男子야 知聖諦에 有二種智하니 一者는 中이요 二者는 上이라 中者는 聲聞緣覺이요 上者는 諸佛菩薩이니라 善男子야 知陰爲苦는 名爲中智요 分別諸陰이 有無

量相호대 悉是諸苦는 非是聲聞과 緣覺所知니 是名上智니라 善男子야 如是等義를 我於彼經에 竟不說之니라하시고 次歷入界하야 皆如陰說하며 又別歷色等五陰하야 一一皆言하사대 有無量相이라하시니 此是無量四諦意也니라

또 이승이라고 한 아래는 제 세 번째 무량사제이다.
소문에 세 가지가 있나니
처음에는 위에 말을 첩석하여 이치를 세운 것이다.
앞에서는 법공의 고성苦性을 보지 못하였기에[35] 그런 까닭으로 진실이 없었고
여기서는 고의 한량없는 모습을 알지 못하여 그 고의 모습을 보지 못하였기에 그런 까닭으로 또한 진실을 보지 못한 것이니,
앞에는 곧 여리지如理智인 까닭으로 다만 생공生空[36]만 보았기에 보살에 미치지 못한 것이요
여기는 곧 여량지如量智인 까닭으로 다만 추상麤相만 알았기에 보살에 미치지 못한 것이다.

그런 까닭으로 『대열반경』이라고 한 아래는 두 번째 경문을 인용하

---

35 원문에 전불견법공前不見法空 운운은 차전此前에 이승수심지지二乘雖審知之나 이부달법공而不達法空일새 불견진실不見眞實이라 하였다. 영인본 화엄 4책, p.435, 5행을 참고하라.

36 생공生空이란, 아공我空·인공人空이라고도 하나니, 이명異名이나 동의同義이다.

여 증거하여 성립한 것이니,
가섭보살이 부처님께 여쭈어 말하기를 세존이시여,
옛날에 부처님께서 한때에 항하의 언덕 시수림尸首林 가운데 계실 즈음에 그때에 여래께서 조그마한 나뭇잎을 가져 모든 비구들에게 이르시기를 내가 지금 손 가운데 잡은 바 나뭇잎이 많은가, 일체 땅을 인한 초목의 잎이 많은가.
모든 비구들이 말하기를 세존이시여,
일체 땅을 인한 초목의 잎은 많아서 가히 부를 수도 헤아릴 수도 없고 여래께서 잡은 바 나뭇잎은 적어서 족히 말할 수가 없습니다.
모든 비구들이여,
내가 깨달아 아는 바 일체 모든 법은 마치 대지를 인하여 초목이 생장하는 등과 같고 모든 중생을 위하여 선설한 바 법은 마치 손 가운데 나뭇잎과 같다 하시니,
가섭보살이 물어 말하기를 여래께서 깨달아 아신 바 한량없는 모든 법이 만약 사제 안에 들어간다면 곧 이미 설한 것이[37] 되고, 만약 사제 안에 들어가지 못한다면 응당 오제五諦[38]가 있어야 할 것입니다.
부처님이 가섭보살을 찬탄하시기를 착하고 착하다.
그대가 지금 물은 바가 곧 능히 한량없는 중생을 이익케 하고 안온케 하고 쾌락케 하는 것이다.

---

37 원문에 즉위이설則爲已說이란, 여기는 열반시涅槃時이기에 이미 아함시阿含時에 사제四諦를 설했다는 것이다.

38 오제五諦는 사제四諦와 또 다른 일제一諦이니, 은연중 무량사제無量四諦를 현시顯示할 뜻을 부여하고 있다.

선남자야, 이와 같은 모든 법이 다 이미 사제의 진리 가운데 섭수되어 있다.

가섭보살이 다시 부처님께 여쭈어 말하기를 이와 같은 등의 법이 만약 사제 안에 있다면 여래께서 무슨 까닭으로 말씀하시기를 설하지 않았다 하십니까.

부처님께서 말씀하시기를 선남자야, 비록 다시 사제 가운데 들어 있지만 오히려 이름을 설하지 않았다.[39]

무슨 까닭인가.

선남자야, 성제를 아는 것에 두 가지 지혜가 있나니

첫 번째는 중지中智요

두 번째는 상지上智이다.

중지라는 것은 성문과 연각이요

상지라는 것은 모든 부처님과 보살이다.

선남자야, 오음이 고가 되는 줄 아는 것은 이름이 중지가 되고 오음이 한량없는 모습이 있으되 다 모두 고인 줄 분별하는 것은 성문과 연각의 알 바가 아니니 이것이 이름이 상지이다.

선남자야, 이와 같은 등의 뜻을 내가 저 경[40]에서는 마침내 설하지 않았다 하시고

그 다음에 육입과 십팔계를 지나면서 다 오음과 같이 설하였으며 또 따로 색 등 오음을 지나면서 낱낱이 다 말씀하시기를 한량없는

---

39 원문에 유명불설猶名不說이란, 오제五諦다 육제六諦다 하는 이름을 말하지 않았다는 것이다.

40 저 경이란, 소승경이다.

모습이 있다 하였으니
이것은 무량사제의 뜻이다.

瑜伽論說호대 苦有一百一十者는 卽四十四論이니 增數明之니라 初云호대 謂有一苦하니 依無差別流轉之苦니 一切有情이 無不皆墮流轉苦故니라 復有二苦하니 一에 欲은 爲根本苦니 謂可愛事가 若變若壞에 所生之苦니라 二에 癡는 異熟生苦니 謂若猛利히 體受所觸하면 卽於自體에 執我我所하야 愚癡迷悶하야 生極怨嗟할새 由是因緣으로 受二箭受하나니 謂身箭受와 及心箭受니라 復有三苦하니 一은 苦苦요 二는 行苦요 三은 壞苦니라 次云호대 復有四苦요 五는 有五苦요 六은 有六苦요 七은 有七苦요 八은 有八苦요 九는 有九苦요 十은 有十苦라하니 故成五十五苦니라 次論云호대 當知하라 復有九種苦하니 一은 一切苦요 二는 廣大苦요 三은 一切門苦요 四는 邪行苦요 五는 流轉苦요 六은 不隨欲苦요 七은 違害苦요 八은 隨逐苦요 九는 一切種苦라하시고 其第一의 一切苦에 開爲二苦하니 一은 宿因所生苦요 二는 現緣所生苦라 其第二의 廣大苦에 開四苦요 第三의 一切門苦에 亦開四苦요 第四의 邪行苦에 開五요 五의 流轉苦에 開六이요 六의 不隨欲苦에 開七이요 七의 違害苦에 開八이요 八의 隨逐苦에 開九요 九의 一切種苦에 開十하니 復成五十五니라 故兩段合에 一百一十苦也니라 然此經中下는 會今經文이 正同無量이라

『유가론』에 말하기를 고에 일백일십 가지가 있다고 한 것은 곧 유가 사십사론이니 증수增數로 그 고를 밝힌 것이다.

처음에 말하기를 말하자면 한 가지 고가 있나니,
차별 없이 유전하는[41] 고를 의지하나니 일체유정이 다 유전하는 고에 떨어지지 아니함이 없는 까닭이다.
다시 두 가지 고가 있나니
첫 번째 욕欲은 근본고가 되나니,
말하자면 가히 좋아할 바 일이 혹 변하거나 혹 무너짐에 생기는 바 고이다.
두 번째 치痴[42]는 이숙생고이니,
말하자면 만약[43] 맹렬하고 예리하게 몸이 닿는 바를 받으면 곧 자체에 아와 아소를 집착하여 어리석고 미혹하고[44] 번민하여 극도로 원망하고 슬퍼함을 생기하기에 이 인연으로 인유하여 두 가지 전수(二箭受)[45]를 받나니,
말하자면 신전수身箭受와 그리고 심전수心箭受이다.
다시 세 가지 고가 있나니
첫 번째는 고苦의 고苦요
두 번째는 행行의 고요

---

41 차별 없이 유전한다는 것은 일체중생이 모두 똑같이 유전하는 것을 말한다.

42 치痴 자 아래에 『잡화기』는 위爲 자가 빠진 듯하다 하였다.

43 말하자면 만약이라고 운운한 것은 이것은 이 몸이 어리석어 지은 바이다. 역시 『잡화기』의 말이다.

44 어리석고 미혹하다 운운한 것은 이 마음이 어리석어 지은 바이다. 역시 『잡화기』의 말이다.

45 전수箭受라고 말한 것은 그 고통이 심한 것에 비유한 것이다. 역시 『잡화기』의 말이다. 즉 화살을 맞은 것처럼 고통이 심하다는 것이다.

세 번째는 괴壞의 고이다.
다음에 말하기를[46] 다시 사고四苦가 있고
다섯 번째는 오고가 있고
여섯 번째는 육고가 있고
일곱 번째는 칠고가 있고
여덟 번째는 팔고가 있고
아홉 번째는 구고가 있고
열 번째는 십고가 있다 하였으니
그런 까닭으로 오십오고가 이루어지는 것이다.

다음[47] 『사십오론』에 말하기를 마땅히 알아라.
다시 아홉 가지의 고가 있나니
첫 번째는 일체가 고요
두 번째는 광대한 것이 고요
세 번째는 일체 문이 고요
네 번째는 삿된 행이 고요
다섯 번째는 유전하는 것이 고요
여섯 번째는 욕망을 따르지 못하는 것이 고요
일곱 번째는 어기고 해하는 것이 고요
여덟 번째는 따라 좇는 것이 고요

46 차운次云이란, 네 번째를 말한다.
47 차론次論이란, 『유가사십오론瑜伽四十五論』이다.

아홉 번째는 일체 종種이 고라 하시고
그 첫 번째 일체가 고라고 한 것에 열어서 두 가지 고를 삼았으니
첫 번째는 숙세에 원인으로 생기는 바 고요
두 번째는 현재에 조연으로 생기는 바 고이다.
그 제 두 번째 광대한 것이 고라고 한 것에 사고를 열고
제 세 번째 일체 문이 고라고 한 것에 또한 사고를 열고
제 네 번째 삿된 행이 고라고 한 것에 오고를 열고
제 다섯 번째 유전하는 것이 고라고 한 것에 육고를 열고
제 여섯 번째 욕망을 따르지 못하는 것이 고라고 한 것에 칠고를 열고
제 일곱 번째 어기고 해하는 것이 고라고 한 것에 팔고를 열고
제 여덟 번째 따라 좇는 것이 고라고 한 것에 구고를 열고
제 아홉 번째 일체 종이 고라고 한 것에 십고를 열었으니,
다시 오십오고가 이루어지는 것이다.
그런 까닭으로 양단兩段을 합함에 일백일십고가 되는 것이다.
그러나 이 『화엄경』 가운데라고 한 아래는 지금에 『화엄경』의 문장이 바로 무량사제와 같음을 회석한 것이다.

疏

又究此四하니 非唯但空이라 便爲眞實이니라 今了陰入皆如일새 無苦可捨며 無明塵勞가 卽是菩提일새 無集可斷이며 生死卽涅槃일새 無滅可證이며 邊邪皆中正일새 無道可修니라 無苦無集하

면 卽無世間이요 無滅無道하면 卽無出世間이니 不取不捨라야 同一實諦니라

또 이 사제를 궁구하니 오직 다만 공일[48] 뿐만 아니라 문득 진실도 되는 것이다.
지금에는 오음과 육입이 다 진여임을 요달하였기에 고苦 가히 버릴 것이 없으며,
무명 진로가 곧 보리이기에 집集 가히 끊을 것이 없으며,
생사가 곧 열반이기에 멸滅 가히 증득할 것이 없으며,
변견과 사견이 다 중도이고 정도이기에 도道 가히 닦을 것이 없는 것이다.
고도 없고 집도 없으면 곧 세간도 없는 것이요,
멸도 없고 도도 없으면 곧 출세간도 없는 것이니,
취할 것도 없고 버릴 것도 없어야 동일한 진실제인 것이다.

鈔

又究此四下는 第四에 無作四諦라 於中亦三이니 初總明이라 言非唯但空者는 揀上無生이니 但顯空義요 便爲眞實은 正是所宗이라 今了下는 二에 別示四相이니 陰入皆如者는 前云卽空이라하고 今云卽如

48 원문에 단공但空이라 운운한 것은 『잡화기』에 단공'이라' 진실'이니라' 吐이니 이 위에는 저 공을 가린 것이고, 아래 구절(지금에는 오음 운운)은 원종에 해당하는 것이다 하였다.

라하니 理已別矣니라 又言無苦可捨는 非是空故로 無有可捨니 今體卽如일새 如外無苦어니 何所捨耶리요하니라 此句言如는 如尙似空이라 集言無明塵勞가 皆卽菩提는 豈同前空苦리요 菩提體外에 無別可斷일새 不同無生의 空無可斷이라 前則空中無華어니 云何可摘이요 今則波卽是水일새 不得除波니 下二諦도 例然하니라 生死卽涅槃은 非是體空하야 無生滅也니라 邊邪皆中正者는 非離邊外에 別有中道며 非離邪外에 別有正道며 亦非無邊無邪하야 無可修也니라 細尋可見이니 勿濫無生이니라 故涅槃四諦品云호대 若知如來常住인댄 名修習苦요 若知法常인댄 名爲修集이요 若修滅者가 若多修空인댄 名爲不善이니 何以故요 滅壞一切法故며 壞於如來의 眞法藏故로 同於外道니라 若有說言호대 有如來藏을 雖不可見이나 若滅煩惱인댄 乃能得入이라하야 若發此心하면 一念因緣으로 於證得中에 而得自在라하고 結云호대 以如來祕密藏者는 卽是滅諦요 道聖諦者는 所謂佛法僧寶와 及正解脫이니 若能一念發心하야 見如來常住無變하며 法僧解脫도 亦復如是인댄 名修習道라하니 上皆無作四諦意也니라

또 이 사제를 궁구하니라고 한 아래는 제 네 번째 무작사제이다.
이 가운데에 또한 세 가지가 있나니
처음에는 한꺼번에 밝힌 것이다.
오직 다만 공일 뿐만 아니라고 말한 것은 위에[49] 무생사제를 가린 것이니

---

49 위에란, 영인본 화엄 4책, p.435, 2행이다.

다만 공의 뜻만을 나타낸 것이요
문득 진실이 된다고 한 것은 바로 이 화엄원종에서 종宗 삼는 바이다.

지금에 오음과 육입이 다 진여임을 요달하였다고 한 아래는 두 번째 사제의 모습을 따로 보인 것이니
오음과 육입이 다 진여라고 한 것은 앞[50]에서는 말하기를 곧 공한 줄 요달하였다고 하였고, 지금에는 말하기를 곧 진여임을 요달하였다고 하였으니 이치가 이미 다른 것이다.
또 고 가히 버릴 것이 없다고 말한 것은 공이 아닌 까닭으로 가히 버릴 것이 없다는 것이니
지금[51]에는 오음과 육입의 자체가 곧 진여이기에 진여밖에 고가 없거니 어찌 버릴 바가 있겠는가 하는 것이다.
이 구절에 진여(如)라고 말한 것은 진여는 오히려 공과 같다는 것이다.
집에 말하기를 무명 진로가 곧[52] 보리라고 한 것은 어찌 앞의 공과 고苦[53]와 같겠는가.
보리의 자체밖에 따로 가히 끊을 것이 없기에 무생의 공[54]을 가히

---

50 앞이란, 영인본 화엄 4책, p.435, 2행이다.

51 금今 자는 『잡화기』에 전全 자가 아닌가 의심한다 하였으나, 금今 자가 더 좋은 듯하다.

52 원문에 개즉皆卽은 소문에 즉시卽是라 하였다. 따라서 통일성을 기하려 개皆 자는 해석하지 않았다.

53 고苦 자는 남장경南藏經에는 없다.

끊을 것이 없다는 것과는 같지 않는 것이다.
앞은 곧 허공 가운데 꽃이 없거니 어떻게 가히 따겠는가 하는 것이고 지금은 곧 파도가 곧 물이기에 파도를 제거할 것이 없다는 것이니 아래에 멸·도 이제도 예가 그러한 것이다.[55]
생사가 곧 열반이라고 한 것은 자체가 공하여 생멸이 없다는 것이 아니다.
변견과 사견이 다 중도이고 정도라고 한 것은 변견을 떠난 밖에 따로 중도가 있는 것이 아니며,
사견을 떠난 밖에 따로 정도가 있는 것이 아니며,
또한 변견도 없고 사견도 없다는 것도 있지 않아서 도 가히 닦을 것이 없다는 것이다.
자세히 찾아보면 가히 볼 수 있을 것이니 무생의 공과 혼돈하지 말 것이다.
그런 까닭으로 『열반경』 사제품에 말하기를 만약 여래가 영원히 머무시는 줄 알면 이름이 고제를 닦아 익히는 것이요
만약 법이 영원히 머무시는 줄 알면 이름이 집제를 닦아 익히는 것이요

---

54 무생공無生空이라고 한 것은 즉 앞의 무생사제無生四諦에서 말하는 공空을 말한다.

55 아래에 멸·도 이제도 예가 그러한 것이라고 한 것은, 생사가 곧 열반이라 한 것과 변견·사견이 다 중도·정도라고 한 것이 다 파도가 곧 이 물이라는 뜻이다고 『잡화기』는 말하였다. 생사가 곧 열반이라 한 것은 멸제이고, 변견·사견이 다 중도·정도라 한 것은 도제라 하겠다.

만약 적멸(滅)을 수행하는 사람이 혹 다분히 공을 닦으면 이름이 불선不善을 닦아 익히는 것이니
무슨 까닭인가
일체법을 멸괴하는 까닭이며, 여래의 참다운 법장을 멸괴하는 까닭으로 외도와 같은 것이다.
만약 어떤 사람이[56] 말하기를 여래장이 있는 것을 비록 가히 보지는 못하였지만 만약 번뇌를 소멸하면 이에 능히 여래장에 들어감을 얻을 것이라 하여, 만약 이 마음을 일으키면 한 생각 인연으로 여래장을 증득하는 가운데 자재함을 얻을 것이다 하고, 맺어 말하기를 여래의 비밀장은 곧 멸제요, 도성제는 말하자면 불·법·승 삼보와 그리고 정해탈이니
만약 능히 한 생각에 발심하여 여래가 영원히 머물러 변함이 없으심을 보며, 법과 승僧과 해탈도 또한 다시 이와 같이 보면 이름이 도제를 닦아 익히는 것이다 하였으니
이상은 다 무작사제의 뜻이다.

無苦無集下는 第三에 束歸一諦라 一實諦義는 亦是涅槃十三에 文殊問佛호대 世尊이시여 第一義中에 有世諦不닛가 世諦之中에 有第

56 만약 어떤 사람이 운운한 것은 이미 여래장이 있다고 말하였다면 곧 공을 닦는 사람이 여래장을 멸괴하는 것과는 같지 않는 것이니 지금에 이 뜻을 취하여 무생 가운데 다만 공의 뜻이 다른 것만 가리고 번뇌를 소멸한다는 말은 아울러 취하지 않았으니 이 가운데는 번뇌가 곧 보리인 까닭이다. 이상은 역시 『잡화기』의 말이다.

一義不닛가 如其有者인댄 卽是一諦요 如其無者인댄 將非如來가 虛妄說耶닛가 善男子야 世諦卽第一義諦니라 世尊若爾인댄 則無二諦니다 善男子야 有善方便으로 隨順衆生하야 說於二諦等이 皆一義諦니라 下文殊問言호대 所言實諦는 其義云何닛고 答云호대 實諦는 名爲眞法이니 若法非眞인댄 不名實諦니라 又名無顚倒며 名無虛妄이며 名曰大乘이니 是佛所說이요 非魔所說이니라 又言하사대 善男子야 實諦者는 一道淸淨하야 無有二也니라 善男子야 有常有樂하며 有我有淨이 是則名爲實諦之義니라하니라

고도 없고 집도 없다고 한 아래는 세 번째 사제를 묶어 일의제로 귀결하는 것이다.

하나인 진실제의 뜻은 역시 『열반경』 십삼권에 문수보살이 부처님께 묻기를 세존이시여, 제일의제 가운데 세제世諦가 있습니까. 세제 가운데 제일의제가 있습니까.

만약 그것이 있다고 한다면[57] 곧 제일의제일 것이요

만약 그것이 없다고 한다면[58] 장차 여래께서 허망한 말을 한 것이

---

57 만약 그것이 있다고 한다면이라고 한 등은, 『잡화기』에 만약 그것이 있다고 한다면 완전히 이 이제二諦이다. 그러나 다만 일제一諦뿐이거니 어찌 이제가 있겠는가 하니, 이것은 일제로써 이제를 물은 것이다 하였다.

58 만약 그것이 없다고 한다면이라고 한 등은, 『잡화기』에 만약 그것이 없다고 한다면 다만 이 일제뿐이다. 그러나 앞의 경문에서 여래가 이제가 있다고 말하였으니 그렇다면 이 말이 허망한 말이다 하니, 이것은 이제로써 일제를 물은 것이니 『회현기』 26권 12장을 보라고 하였다.

아니겠습니까.

선남자야, 세제가 곧 제일의제이다.

세존이시여, 만약 그렇다면 곧 이제二諦가 없다고 해야 할 것입니다.

선남자야, 선교방편으로 중생을 수순함에 있어 이제를 설하는 등이 다 제일의제이다.

아래에 문수보살이 다시 물어 말하기를 말씀하신 바 진실제는 그 뜻이 어떠합니까.

답하여 말씀하시기를 진실제는 이름이 참다운 법이 되나니,

만약 법이 참답지 못하다면 진실제라 이름할 수 없는 것이다.

또 이름을 전도가 없는 것이라 하며 이름을 허망이 없는 것이라 하며 이름을 대승이라 말하나니,

이것은 부처님께서 설한 바요 마군이 설한 바가 아니다.

또 말씀하시기를 선남자야, 진실제는 일도로 청정하여 이제가 없다.

선남자야, 상常이 있고 낙樂이 있으며, 아我가 있고 정淨이 있는 것이 이것이 곧 이름하여 진실제의 뜻이 되는 것이다 하였다.

疏

故斯一品에 有作無作과 有量無量이 皆在其中이라 準下第五地中인댄 復以十重觀察이니 至下當明하리라

그런 까닭으로 이 한 품에 유작과 무작과 유량과 무량이 다 그 가운데 있다.

아래에 제오지[59] 가운데를 기준한다면 다시 십중으로 관찰하였으니 아래에 이르러 마땅히 밝히겠다.

鈔

故斯一品下는 第二에 會經結示라 上第三段中에 言此經이 正同無量四諦는 且從一義耳요 今則具結이니 通具四種也라 故上疏云호대 而文義包博하고 言含性相이라하니 相卽生滅과 及與無量이요 性卽無生과 及與無作이라 相以廣狹으로 成二四諦하고 性以空實로 成二四諦니 經宗必融으로 擧一收四하야사 方是經旨니라 以四種四諦는 義出諸師일새 故疏闇用하야 使合經文이나 不標名目은 恐驚常聽이요 結歸二對는 順常經論에 或名有作無作이며 或名有量無量이라 今之結意는 有作卽生滅이요 有量同無生이니 於有量上에 說無生耳니라 餘二名同하니라 五地十重은 至文自見일새 今略示名하리라 一은 善知俗諦요 二는 善知第一義諦요 三은 相諦요 四는 差別諦요 五는 成立諦요 六은 事諦요 七은 生諦요 八은 盡無生諦요 九는 入道智諦요 十은 善知一切菩薩地의 次第成就諦며 乃至善知如來의 智成就諦니라

그런 까닭으로 이 한 품이라고 한 아래는 제 두 번째 이 경을 회석하여 맺어 보인 것이다.

위의 제삼단 가운데 말하기를 이 『화엄경』의 문장이 바로 무량사제

59 아래에 제오지라고 한 것은 초문에 있다.

와 같다고 한 것은 또한 제일의제를 좇은 것이요
지금에는 곧 갖추어 맺는 것이니
네 가지 사제 갖춘 것을 통석한 것이다.
그런 까닭으로 위의 소문[60]에서 말하기를 문장의 뜻이 포함하고 있는 것이 넓고 말이 자성과 모습을 포함하였다 하였으니
모습은 곧 생멸사제와 그리고 무량사제요
자성은 곧 무생사제와 그리고 무작사제이다.
모습은 광廣·협狹[61]으로 두 가지 사제를 성립하고
자성은 공空·실實[62]로 두 가지 사제를 성립하나니,
이 경의 종취는 반드시 융합하는 것으로, 하나의 진실제를 들어 사제를 거두어야 바야흐로 이 경의 종지인 것이다.
천태의 네 가지 사제는 그 뜻[63]이 다른 여러 스님들보다 뛰어나기에[64] 그런 까닭으로 소문에 그윽이 인용하여 하여금 경문에 부합하게 하였지만 명목名目[65]을 표하지 아니한 것은 항상 들은 것이라 할까

---

60 위의 소문이란, 영인본 화엄 4책, p.438, 4행이다.

61 광廣은 무량사제無量四諦이고, 협狹은 생멸사제生滅四諦이다.

62 공空은 무생사제無生四諦이고, 실實은 무작사제無作四諦이다.

63 원문에 사종사제四種四諦의 뜻은 천태天台의 뜻이다. 영인본 화엄 4책, p.433, 7행에 선출先出하였다.

64 천태의 네 가지 사제는 그 뜻이 다른 여러 스님들보다 뛰어나다고 한 것은, 『잡화기』에 천태스님이 해석한 바 네 가지 사제의 뜻이 제가諸家의 스님들보다 뛰어난 것을 말한 것이니, 제가의 스님들은 다만 두 가지 상대(二對)만 지어서 대승과 소승을 나누어 배대한 까닭이다 하였다. 두 가지 상대는 자성과 모습의 두 가지 상대이니 바로 아래에 나온다.

염려하고 두려워한[66] 것이요,[67]

자성과 모습의 이대二對에 귀결한 것은 보통 경론에 혹 이름이 유작·무작이며 혹 이름이 유량·무량이라고 한 것을 따른 것이다.

지금에 맺는 뜻은 유작은 곧 생멸이고 유량은 무생과 같나니, 저 유량상에 무생을 설하였을 뿐이다.

나머지 이제[68]는 이름이 같다.

오지 가운데[69] 십중이라고 한 것은 오지 경문에 이르러 스스로 볼 것이기에 지금에는 간략하게 그 이름만 보이겠다.

첫 번째는 속제俗諦를 잘 아는 것이요

두 번째는 제일의제第一義諦를 잘 아는 것이요

세 번째는 상제相諦[70]를 잘 아는 것이요

네 번째는 차별제差別諦를 잘 아는 것이요

---

65 명목名目이란, 무생無生, 무작無作 등등이다.

66 공경恐驚이란, 두려워함. 驚 자도 두려워한다는 뜻이다. 또 염려하고 두려워함, 또는 놀란다는 뜻이다.

67 『잡화기』에는 항상 들은 것이라 할까 염려하고 두려워한 것이라고 한 것은 항상 들은 바가 아닌 까닭으로 그것을 보고 두려워 놀라 괴이한 생각을 내는 것이다 하였다.

68 여이餘二란, 무작사제無作四諦와 무량사제無量四諦이다.

69 오지 가운데라고 한 등은 제오지 가운데 금강장보살의 말이니 교림출판, 화엄 3책, p.88, 12행이다.

70 세 번째는 상제相諦라고 한 아래도 위에처럼 선지善知라는 말이 다 있어야 한다. 따라서 나는 선지善知라는 말을 넣어서 번역하였다.

다섯 번째는 성립제成立諦를 잘 아는 것이요
여섯 번째는 사제事諦를 잘 아는 것이요
일곱 번째는 생제生諦를 잘 아는 것이요
여덟 번째는 진무생제盡無生諦를 잘 아는 것이요
아홉 번째는 입도지제入道智諦를 잘 아는 것이요
열 번째는 일체보살지一切菩薩地에 차제성취제次第成就諦를 잘 아는 것이며
내지 여래如來의 성취지제成就智諦를 잘 아는 것이다.

疏

三에 宗趣者는 以無邊諦海가 隨根隨義하야 立名不同이 遍空世界하니 以此爲宗이요 務在益物하고 調生爲趣라 又上二皆宗이요 發生淨信은 爲趣니라

세 번째 종취는 무변제無邊諦의 바다가 근기를 따르고 뜻을 따라 이름을 세운 것이 같지 않는 것이 허공 세계에 두루하나니 이것으로써 종宗을 삼고
힘써 중생을 이익케 하고 중생을 조복케 하는 것으로써 취趣를 삼는 것이다.
또 위에 두 가지는 다 종이 되고
청정한 믿음을 발생하는 것은 취가 되는 것이다.

疏

四는 解妨難이라 問이라 旣彰佛語業하야 答說法問인댄 佛所說法이 多門이어늘 何以로 唯陳四諦고 答이라 以名雖在小나 義通大小하야 事理具足하니 謂苦集二諦는 是世間因果니 所知所斷은 無改易故요 滅道二諦는 出世間因果니 所證所修는 事決定故니라 知斷證修는 能運衆生하야 到彼岸故로 世界有異나 此獨無改어든 況無量無作에 何義不收리요 是故約此하야 以顯差別하니라

네 번째는 방해하여 비난하는 것을 해석한 것이다.
묻겠다.
이미 부처님의 어업을 밝혀서 설법의 물음을 답했다고 하였다면 부처님께서 설한 바 법이 많거늘[71] 무슨 까닭으로 오직 사제만 진술하는가.
답하겠다.
사제의 이름은 비록 소승에 있지만 그 뜻은 대승과 소승에 통하여 사실과 진리를 구족하였으니,
말하자면 고·집 이제는 이 세간의 인과이니 알 바와 끊을 바[72]는 고쳐 바꿀 수 없는 까닭이요
멸·도 이제는 출세간의 인과이니 증득할 바와 닦을 바[73]는 사실을

71 다문多門은 육도六度, 십이인연十二因緣 등이다.

72 소지所知는 고苦이고, 소단所斷은 집集이다.

73 소증所證은 멸滅이고, 소수所修는 도道이다.

결정하는 까닭이다.

알 바와 끊을 바와 증득할 바와 닦을 바는 능히 중생을 실어 저 언덕에 이르게 하는 까닭으로 세계는 다름이 있지만, 이 사제는 오직 고쳐 바꿀 수 없거든 하물며 무량사제와 무작사제에 무슨 뜻을 거두지 못하겠는가. 이런 까닭으로 이 사제를 잡아서 차별을 나타낸 것이다.

鈔

答이라 以名雖在小等者는 通此一問에 有二意하니 一은 四諦包含故요 二는 開權顯實故라 今初니 名雖在小者는 經中多言호대 爲求聲聞者하야 說四諦故라하니라 義通大小는 卽生滅無生等이라 事理具足者는 如十二緣은 但事而無理어니와 今滅諦는 是理니라 十二因緣은 名廣事略이며 事亦不具일새 但有苦集이요 而無道故라 六波羅蜜은 但顯出世요 無世間故로 但有道滅이요 無苦集故라 謂苦集二諦下는 出具足相이라 世界有異者는 十方諸佛의 出世教化가 皆令捨於世間하고 證涅槃故니 三世同然하니라 故涅槃云호대 我昔與汝等으로 不識四眞諦일새 是故久流轉生死大苦海라하니라 況無量下는 收後二重이니 但用前二라도 性相具足이며 大小包含이어든 況加此二리요 一實之旨가 於是乎在니라

답하겠다. 사제의 이름은 비록 소승에 있지만이라고 한 등은 이 한 가지 질문을 통석함에 두 가지 뜻이 있나니

첫 번째는 사제를 포함하는 까닭이요
두 번째는 방편을 열어 진실을 나타내는 까닭이다.

지금은 처음으로 이름은 비록 소승에 있지만이라고 한 것은 경 가운데 다분히 말하기를 성문을 구하는 자를 위하여 사제를 설하는 까닭이다 하였다.
그 뜻은 대승과 소승에 통한다고 한 것은 곧 생멸사제와 무생사제 등[74]이다.
사실과 진리를 구족하였다고 한 것은 저 십이인연은 다만 사실뿐이고 진리가 없거니와, 지금에 멸제는 이 진리뿐이다.
십이인연은 이름은 넓지만 사실이 생략되었으며,
사실을 또한 구족하지 못하였기에 다만 고제와 집제만 있을 뿐이고 도제는 없는 까닭이다.
육바라밀은 다만 출세간만 나타내고 세간은 없는 까닭으로 다만 도제와 멸제만 있을 뿐이고 고제와 집제는 없는 까닭이다.
말하자면 고집 이제라고 한 아래는 구족한 모습을 설출한 것이다.
세계는 다름이 있다고 한 것은 시방에 모든 부처님이 세상에 출현하여 교화하는 것이 다 하여금 세간을 버리고 열반을 증득케 하기 위한 까닭이니,
삼세에 모든 부처님이 다 같이 그러한 것이다.

---

74 등이란, 여기서는 내등內等이다. 등에는 내등과 외등이 있나니 내등은 다 인용하고 등이라 하는 것이고, 외동은 전체 중 몇 가지만 인용하고 등이라 하는 것이다.

그런 까닭으로 『열반경』에 말하기를 내가 옛날에 그대 등으로 더불어 사진제四眞諦를 알지 못하였기에 이런 까닭으로 오래도록 생사의 큰 고해에 유전하였다 하였다.
하물며 무량사제라고 한 아래는 뒤에 이중사제[75]를 거두는 것이니 다만 앞에 이중사제[76]만 인용했다 할지라도 모습과 자성을 구족한 것이며 대승과 소승을 포함한 것이어든, 하물며 이 이중사제를 더함이겠는가.
하나의 진실한[77] 뜻이 여기에 있는 것이다.

疏

又爲破計하야 引機故니 謂演彼聲聞의 四諦局法하야 令亡所執하고 引入一乘의 無邊諦海일새 故約此辨이라 何以四諦가 皆帶苦言고 謂苦滅聖諦等이라 然謂生苦之集일새 故云苦集이요 盡苦之滅일새 名爲苦滅이요 至苦滅之道일새 名苦滅道라 不得單言苦道는 以道非生苦니 不同集故며 又非滅苦니 不同滅故라 能證苦滅일새 故云苦滅道라하니라

또 계교를 파하여 중생을 인도하기 위한 까닭이니,
말하자면 저 성문의 사제의 국한한 법을 연설하여 하여금 집착하는

75 후이중後二重이란, 무량사제無量四諦와 무작사제無作四諦이다.

76 전이중前二重이란, 생멸사제生滅四諦와 무생사제無生四諦이다.

77 일실一實이란, 제일의진실제第一義眞實諦이다.

바를 잃고 일승의 무변제無邊諦의 바다에 인도하여 들어가게 하기에 그런 까닭으로 이 사제를 잡아 분별한 것이다.

무슨 까닭으로[78] 사제가 다 고苦를 띠고 말하는가.

말하자면 고멸성제 등[79]이다.

그러나 말하자면 고를 생기하게 하는 것이 집이기에 그런 까닭으로 고집이라 말하고,

고를 다하게 하는 것이 멸이기에 이름을 고멸이라 하고,

고가 소멸함에 이르게 하는 것이 도이기에 이름을 고멸도라 하는 것이다.

단적으로 고도苦道라고 말하지 아니한 것[80]은 도로써 고를 생기하는 것이 아니니 집과 같지 않는 까닭이며

또 고를 소멸하는 것이 아니니 멸과 같지 않는 까닭이다.

능히 고가 소멸함을 증득하였기에 그런 까닭으로 말하기를 고멸도라 하는 것이다.

鈔

又爲破計下는 第二에 開權顯實이니 以諸經中에 多說호대 四諦爲小

---

78 무슨 까닭으로라고 한 등은 제 두 번째 비난(물음)을 통석한 것이니 가히 알 수 있을 것이라고 『잡화기』는 말하였다.

79 고멸성제苦滅聖諦 등이란, 고성제苦聖諦, 고집성제苦集聖諦, 고멸성제苦滅聖諦, 고멸도성제苦滅道聖諦라는 것이다.

80 원문에 부득단언고도不得單言苦道란, 즉 고도苦道라 하지 않고 고멸도苦滅道라고 한 이유를 말하고 있다.

라하야거늘 今開此局하야 名周法界라하니라 亡所執相은 卽入無生이요 引入一乘은 則會眞實이니 況六度等이 而不周耶아

또 계교를 파하여 중생을 인도하기 위한 까닭이라고 한 아래는 제 두 번째 방편을 열어 진실을 나타낸 것이니,
모든 경전 가운데 다분히 말하기를 사제가 소승이라고 하였거늘 지금에는 이 국한한 사제의 법을 열어서 법계에 두루하는 것이라고 이름하였다.[81]
집착하는 바의 모습을 잃었다고 한 것은 곧 무생사제에 들어간 것이요
일승에 인도하여 들어가게 하였다고 한 것은 곧 진실제에 회합하는 것이니
하물며 육도六度 등이 두루하지 않겠는가.

81 원문에 명주법계名周法界란, 소문疏文에 일승무변제해一乘無邊諦海를 말하고 있다.

經

爾時에 文殊師利菩薩摩訶薩이 告諸菩薩言호대

그때에 문수사리보살마하살이 모든 보살에게 일러 말하기를

疏

五는 正釋文이라 一品分二하리니 先은 標告요 二에 諸佛子下는 正顯이라 於中分四하리니 初는 娑婆諦名이요 二는 隣次十界요 三은 類通一切요 四는 主伴無窮이라 然此望前品인댄 略於單說四洲니라 就初二中하야 一一方內에 文各有二하니 一은 別列諦名이요 二는 結數辨意라 然其立名이 或有因從果稱과 果籍因名과 約事約理와 或總或別하니 如文當知니라

다섯 번째는 바로 경문을 해석한 것이다.
이 한 품을 두 가지로 분류하리니
먼저는 문수가 말한 것을 표한 것이요
두 번째 모든 불자라고 한 아래는 바로 나타낸 것이다.
그 가운데 네 가지로 분류하리니
처음에는 사바세계에 사제의 이름이요
두 번째는 사바세계에 인근한 다음 열 세계요
세 번째는 사바세계를 비류하여 일체 세계를 통석한 것이요
네 번째는 주·반의 세계가 다함이 없는 것이다.

그러나 이 품은 전품前品을 바라본다면 단적으로 사주四洲를 설한 것[82]은 생략되었다.

처음 두 가지 가운데 나아가서 낱낱 방위 안에 문장이 각각 두 가지가 있나니

첫 번째는 사제의 이름을 따로 열거한 것이요

두 번째는 사제의 수를 맺어 뜻을 분별한 것이다.

그러나 그 이름을 세운 것이 혹은 원인이 과보의 이름을 좇은 것[83]과 과보가 원인의 이름을 가자한 것[84]과 사실을 잡은 것과 진리를 잡은 것[85]과 혹은 총總과 혹은 별別이 있나니,

경문과 같이 마땅히 알 것이다.

---

82 원문에 단설사주單說四洲란, 前品에 이 사바세계 東方에 云云, 이 사바세계 南方에 云云하며 四洲를 단으로만 說(單說)하였다.

83 혹은 원인이 과보의 이름을 좇는 것이라고 한 것은 고멸도제에 무량수라 말한 것(서자권暑字卷 21장, 하 2행, 영인본 화엄 4책, p.472, 2행)과 같은 것이다.

84 과보가 원인의 이름을 가자한 것이라고 한 것은 고제에 오만傲慢 등이라 말한 것(서자권 32장, 상 5행, 영인본 화엄 4책, p.493, 5행)과 같은 것이다.

85 진리를 잡았다고 한 것은 고제에 근본이 공한 등이라 말한 것(서자권 22장, 상 1행, 영인본 화엄 4책, p.473, 1행)과 같은 것이니, 나머지는 곧 쉽게 알 수 있을 것이다. 이상은 다 『잡화기』의 뜻이나 지문指文은 내가 찾아 기록한 것이다.

經

諸佛子야 苦聖諦는 此娑婆世界中에 或名罪며 或名逼迫이며 或名變異며 或名攀緣이며 或名聚며 或名刺이며 或名依根이며 或名虛誑이며 或名癰瘡處며 或名愚夫行이니라

모든 불자여, 고성제는 이 사바세계 가운데 혹은 이름이 죄이며
혹은 이름이 핍박이며
혹은 이름이 변하여 다른 것[86]이며
혹은 이름이 반연이며
혹은 이름이 모으는 것이며
혹은 이름이 가시이며
혹은 이름이 의지하는 뿌리이며
혹은 이름이 헛된 미치광이이며
혹은 이름이 옹창의 처소이며
혹은 이름이 어리석은 사람의 행입니다.

疏

初娑婆中에 列內四諦를 即爲四別하리라 一에 苦云罪者는 摧也니 謂摧壞色心故요 二에 逼迫者는 不可意境이 逼迫身心也니 此二總顯이라 三에 變異者는 壞苦也요 攀緣者는 追求苦也요 聚者는

86 원문에 변이變異는 자전字典엔 달리 변하는 것이라 하였다.

五盛陰苦也요 刺者는 從喻立名이니 如刺未拔이요 依根者는 由苦能生一切惡也요 虛誑者는 於下苦中에 能生樂想也요 癰瘡處者는 此喻二苦니 有癰瘡處는 性自是苦니 此如五陰苦요 若加手等觸인댄 苦上加苦니 是苦苦也라 愚夫行者는 行苦也니 愚人所行故라 如一睫毛를 置掌不覺하고 若置眼內하면 爲苦不安하나니 愚夫가 不覺行苦는 如掌內之毛하고 而復以苦로 反欲捨苦는 皆愚夫行也니라

처음 사바세계 가운데 열거한 안에 사제를 곧 네 가지로 분별하겠다.
첫 번째 고를 죄라고 말한 것은 꺾어야 할 것이니, 말하자면 색심을 꺾어 무너뜨리는 까닭이요
두 번째 핍박이라고 한 것은 가히 뜻하지 않는 경계가 몸과 마음을 핍박하는 것이니,
이 두 가지는 한꺼번에 나타낸 것이다.
세 번째 변하여 다른 것이라고 한 것은 변하여 무너져가는 괴로움이요
반연이라고 한 것은 추구하는 괴로움이요
모으는 것이라고 한 것은 오음이 성한 것이 괴로움이요
가시라고 한 것은 비유를 좇아 이름을 세운 것이니 마치 가시를 뽑지 못한 것과 같은 것이요
의지하는 뿌리라고 한 것은 고를 인유하여 능히 일체 악을 생기하는 것이요
헛된 미치광이라고 한 것은 하고下苦[87] 가운데 능히 즐거운 생각을

내는 것이요
옹창의 처소라고 한 것은 이것은 이고二苦에 비유한 것이니,
옹창癰瘡이 있는 곳은 마음이 스스로 괴로운 것이니 이것은 오음성고와 같은 것이요
만약 손 등을 더하여 만지면 괴로움 위에 괴로움을 더하는 것이니 이것은 고고苦苦이다.
우부행이라고 한 것은 행고行苦이니 어리석은 사람이 행하는 바인 까닭이다.
마치 한 개의 속눈썹 털을 손바닥에 두면 자각하지 못하고 만약 눈 안에 두면 괴롭고 불안한 것과 같나니,
어리석은 사람이 행고를 자각하지 못하는 것은 마치 손바닥 안에 털과 같고 다시 괴로움(苦)으로써 도리어[88] 괴로움을 버리고자 하는 것은 다 어리석은 사람의 행이다.

鈔

如一睫毛者는 全是俱舍頌이니 云호대 如以一睫毛를 置掌人不覺하고 若置眼睛上하면 爲苦及不安하나니 凡夫如手掌하야 不覺行苦睫하고 智者如眼睛하야 緣極生厭怖라하니라 而復以苦者는 卽法華經

---

87 하고下苦란, 고고苦苦는 하고下苦이니 욕계欲界이고, 괴고壞苦는 중고中苦이니 색계色界이고, 행고行苦는 상고上苦이니 무색계無色界이다.

88 괴로움으로써 도리어라고 한 등은, 『잡화기』에 괴로움을 버리고자 하되 불법은 구하지 않고 다만 유루의 선행만으로써 천상에 태어나기를 서원하는 등을 말하는 것이 이것이니, 다 어리석은 사람이 하는 바다 하였다.

第一云호대 不求大勢佛과 及與斷苦法하고 深入諸邪見하야 以苦欲捨苦하나니 爲是衆生故로 而起大悲心이라하니라

한 개의 속눈썹 털과 같다고 한 것은 온전히 『구사론』 게송이니, 게송에 말하기를
마치 한 개의 속눈썹 털을
손바닥에 두면 그 사람이 자각하지 못하고
만약 눈알 위에 두면
괴롭고 그리고 불안한 것과 같나니

범부는 손바닥과 같아서
행고의 속눈썹을 자각하지 못하고
지혜로운 사람은 눈알과 같아서
그 극미의 털을 반연하여[89] 싫어하고 두려움을 내는 것이다 하였다.

다시 괴로움으로써 도리어 괴로움을 버리고자 하는 것이라고 한 것은 곧 『법화경』 제일권에 말하기를
대세불과
그리고 괴로움을 끊는 법을 구하지 않고
깊이 모든 사견에 들어가

---

89 원문에 연극緣極이라고 한 것은, 『잡화기』에 지극히 미세한 행고를 반연한다(緣極微細知行苦)고 하였다. 그렇다면 연극'하야' 吐이다.

괴로움으로써 괴로움을 버리고자 하나니,

이 중생을 위한 까닭으로

대비심을 일으킨다 하였다.

經

諸佛子야 苦集聖諦는 此娑婆世界中에 或名繫縛이며 或名滅壞며 或名愛著義며 或名妄覺念이며 或名趣入이며 或名決定이며 或名網이며 或名戲論이며 或名隨行이며 或名顚倒根이니라

모든 불자여, 고집성제는 이 사바세계 가운데 혹은 이름이 얽어매는 것이며
혹은 이름이 소멸하여 무너뜨리는 것이며
혹은 이름이 애착의 뜻이며
혹은 이름이 허망하게 깨달아 생각하는 것이며
혹은 이름이 나아가 들어가는 것이며
혹은 이름이 결정이며
혹은 이름이 그물이며
혹은 이름이 희론이며
혹은 이름이 따라 행하는 것이며
혹은 이름이 전도의 뿌리입니다.

疏

二에 集中初二는 通顯이니 謂有業惑者는 繫縛三界며 滅壞善根이라 次二는 別顯煩惱요 餘는 多通業惑이라

두 번째 집제 가운데 처음에 두 가지는 통틀어 나타낸 것이니,

말하자면 업과 혹이 있는 사람은 삼계에 얽어 매이며
선근을 소멸하여 무너뜨리는 것이다.
다음에 두 가지는 따로 번뇌를 나타낸 것이요
나머지는 다분히 업과 혹에 통하는 것이다.[90]

鈔

有業惑者는 然三雜染에 業惑爲集이니 別有多門이나 總不出二니라

업과 혹이 있는 사람이라고 한 것은 그러나 세 가지 잡염[91]에 업과 혹이 집集이 되나니,
따로 다문多門이 있지만 모두 이 두 가지를 벗어나지 않는 것이다.[92]

---

90 다분히 업과 혹에 통하는 것이라고 한 것은, 『잡화기』에 말하기를 따르는 행과 전도의 뿌리(영인본 화엄 4책, p.542, 7행)는 오직 혹惑뿐인 까닭으로 다분히라는 말을 이루는 것이다 하였다.

91 삼잡염三雜染이란, 혹惑·업業·고苦이다.

92 불출이不出二의 이二란, 업業·혹惑이다.

經

諸佛子야 苦滅聖諦는 此娑婆世界中에 或名無諍이며 或名離塵이며 或名寂靜이며 或名無相이며 或名無沒이며 或名無自性이며 或名無障礙며 或名滅이며 或名體眞實이며 或名住自性이니라

모든 불자여, 고멸성제는 이 사바세계 가운데 혹은 이름이 다툼이 없는 것이며
혹은 이름이 육진을 떠난 것이며
혹은 이름이 고요한 것이며
혹은 이름이 모습이 없는 것이며
혹은 이름이 잃어버리지 않는 것이며
혹은 이름이 자성이 없는 것이며
혹은 이름이 장애가 없는 것이며
혹은 이름이 적멸이며
혹은 이름이 자체가 진실한 것이며
혹은 이름이 자성에 머무는 것입니다.

疏

三에 苦滅中에 無諍者는 煩惱爲諍故니라

세 번째 고멸제 가운데 다툼이 없다고 한 것은 번뇌로 다툼을 삼는 까닭이다.

鈔

煩惱名諍은 卽俱舍論云호대 煩惱名諍이니 觸動善品故라하야거니와 今滅煩惱일새 故名無諍이라하니라

번뇌의 이름을 다툼이라고 한 것은 곧 『구사론』에 말하기를 번뇌가 이름이 다툼이니 선품을 촉동觸動하는 까닭이다 하였거니와, 지금에는 번뇌를 소멸하였기에 그런 까닭으로 이름을 다툼이 없다 하였다.

疏

體眞實者는 非唯惑滅而已라 實乃法身常住가 爲滅諦之義故라

자체가 진실하다고 한 것은 오직 업혹이 소멸하여 마쳤을 뿐만 아니라 진실로 이에 법신이 상주하는 것이 멸제의 뜻이 되는 까닭이다.

鈔

非唯滅惑而已者는 如成實等에 亦說滅者는 譬如燈滅하면 則膏明俱竭하고 無復別有一實盡處也라하니 肇公가 亦用此言호대 實則滅惑하고 所顯法身常住가 有實體也라하니라 故涅槃第四에 迦葉問言호대 如佛所言하야 如燈滅已에 無有方所인달하야 如來亦爾하야 旣滅度已에 亦無方所닛가 佛告迦葉하사대 善男子야 如人然燈之時에 燈

器大小거나 悉滿中油하면 隨其油在하야 其明猶存이라가 若油盡已하면 明亦俱盡하니라 其明滅者는 喩煩惱滅이니 明雖滅盡이나 燈器猶存인달하야 如來亦爾하야 煩惱雖滅이나 法身常存이라하니라 下文又云호대 如燈滅者는 是羅漢涅槃이라하며 又四諦品云호대 若言修習空法인댄 是名不善이니 滅壞一切如來의 眞法藏故로 同於外道니 故知하라 滅體는 法是眞實故라하니라

오직 업혹이 소멸하였을 뿐만 아니라고 한 것은 저 『성실론』 등에 또한 말하기를 멸滅이라고 한 것은 비유하자면 등불이 사라지면 곧 기름과 밝음이 함께 다하고 다시 따로 하나의 진실이 다할 곳이 있지 않는 것과 같다[93] 하였으니
성조 법사가 또한 이 말을 인용하기를 진실인즉 업혹을 소멸하고 나타난 바 법신이 상주하는 것이 실체가 있다 하였다.
그런 까닭으로 『열반경』 제사권에 가섭보살이 물어 말하기를 부처님께서 말씀하신 바와 같아서 마치 등불이 사라져 마침에 방소가 없는 것과 같아서, 여래도 또한 그러하여 이미 멸도하여 마침에 또한 방소가 없나이까.
부처님이 가섭보살에게 말씀하시기를 선남자야, 마치 어떤 사람이

93 다시 따로 하나의 진실이 다할 곳이 있지 않다고 한 것은, 이미 하나의 진실은 다하지 않는다고 말하였다면 곧 이것은 자체가 진실하다는 뜻이다. 혹 『성실론』이 이미 이 소승론이라 하였다면 곧 『성실론』의 뜻에 말하기를 다시 따로 하나의 진실이 다할 곳이 있지 않다고 한 것은 이 뜻이 가히 바른 뜻이다 할 것이다. 역시 『잡화기』의 말이다.

등불을 켤 때에 등불의 그릇이 크거나 작거나 다 그 그릇 가운데 기름을 채우면 그 기름이 있음을 따라 그 밝음도 오히려 있다가 만약 기름이 다하여 마치면 밝음도 또한 함께 다하는 것이다.
그 밝음이 사라진다고 한 것은 번뇌가 사라짐에 비유한 것이니 밝음이 비록 사라져 다하였지만 등불의 그릇은 오히려 있는 것과 같아서 여래도 또한 그러하여 번뇌가 비록 사라졌지만 법신은 항상 있다 하였다.
이 아래 문장에 또 말하기를 등불이 사라짐과 같은 것은 이 아라한의 열반이라 하였으며
또 『열반경』 사제품에[94] 말하기를 만약 공의 법을 닦아 익힌다고 말한다면 이것은 이름이 불선不善이니 일체 여래의 참다운 법장을 소멸하여 무너뜨리는 까닭으로 외도와 같을 것이니,
그런 까닭으로 알아라.[95]
멸의 자체는 법이 진실한 까닭이다 하였다.

疏

次云住自性也라하니 謂本來滅故니라

---

94 또 『열반경』 사제품이라고 한 등은 바로 위에 又云이라 하고 여기에 又 사제운四諦云이라 하여 두 곳의 『열반경』을 인용한 것은 위에 소승의 다만 공의 뜻만 증거한 것이다.

95 그런 까닭으로 알아라 운운한 것은 대승의 뜻을 설출한 것이다. 역시 『잡화기』의 말이다.

다음에 말씀하시기를 자성에 머무는 것이라 하였으니
말하자면 본래 적멸인 까닭이다.

鈔

次云自性住者는 證成上文의 體眞實義니 則體眞實은 揀非虛妄이며 及非空無요 自性住言은 卽是法이 住法正位也니라 本來寂滅은 卽成上文의 自性住義니라

다음에 말씀하시기를 자성에 머무는 것이라고 한 것은 위의 경문[96]에 자체가 진실한 것이라고 한 뜻을 증거하여 성립한 것이니,
곧 자체가 진실하다고 한 것은 허망하지 아니하며 그리고 비어서 없지 아니함을 가린 것이요
자성에 머무는 것이라고 말한 것은 곧 이 법[97]이 법의 바른 지위[98]에 머문다는 것이다.
본래적멸이라고 한 것은 곧 위의 경문에 자성에 머무는 것이라고 한 뜻을 성립한 것이다.

---

96 위의 경문이란, 영인본 화엄 4책, p.453, 3행에 혹명체진실或名體眞實이라 한 것이다.

97 이 법이라고 한 것은 이것은 공의 뜻이 아니다.

98 법의 바른 지위라고 한 것은 이것은 허망의 뜻이 아니니, 진여가 이 법의 바른 지위인 까닭이다. 역시 『잡화기』의 말이다.

經

諸佛子야 苦滅道聖諦가 此娑婆世界中에 或名一乘이며 或名趣寂이며 或名導引이며 或名究竟無分別이며 或名平等이며 或名捨擔이며 或名無所趣며 或名隨聖意며 或名仙人行이며 或名十藏이니라

모든 불자여, 고멸도성제가 이 사바세계 가운데 혹은 이름이 일승이며
혹은 이름이 적멸에 나아가는 것이며
혹은 이름이 인도하는 것이며
혹은 이름이 구경에 분별이 없는 것이며
혹은 이름이 평등이며
혹은 이름이 짊어진 것을 버리는 것이며
혹은 이름이 나아갈 바가 없는 것이며
혹은 이름이 이 성인의 뜻을 따르는 것이며
혹은 이름이 선인의 행이며
혹은 이름이 십장입니다.

疏

四에 苦滅道諦云호대 十藏者는 謂信聞等이니 如十藏品說하니라

네 번째 고멸도제에 말하기를 십장이라고 한 것은 말하자면 신信·문

聞 등이니

십장품에 설한 것과 같다.[99]

99 십장품에 설한 것과 같다고 한 것은 십무진장품 22에 설한 것으로, 신장信藏과 계장戒藏과 참장慙藏과 괴장愧藏과 문장聞藏과 시장施藏과 혜장慧藏과 염장念藏과 지장持藏과 변장辯藏이다. 각 장藏에 각각 열 가지가 있다.

經

諸佛子야 此娑婆世界中에 說四聖諦가 有如是等四百億十千名하니 隨衆生心하야 悉令調伏케하니라

모든 불자여, 이 사바세계 가운데 사성제를 설한 것이 이와 같은 사백억 십천 가지의 이름이 있나니
중생의 마음을 따라서 다 하여금 조복케 하기 위한 것입니다.

疏

二에 結云호대 四百億十千者는 望前名號인댄 一四洲에 有十千거니와 今一四天下에 一諦가 亦有十千하야 四諦가 歷於百億일새 故有四百億箇十千이라 隨衆生心下는 顯差別之意也니라

두 번째 맺어서 말하기를 사백억 십천이라고 한 것은 앞의 명호품을 바라본다면 한 사주四洲에 십천이 있었거니와[100] 지금에는 한 사천하에 한 제諦가 또한 십천이 있어서 사제가 백억에 지나기에 그런 까닭으로 사백억 개 십천이 있는 것이다.

중생의 마음을 따른다고 한 아래는 차별의 뜻을 나타낸 것이다.

---

100 원문에 사주유십천四洲有十千이란, 예를 들면 영인본 화엄 4책, p.406, 4행에 여시등기수如是等其數가 십천十千이라. 영제중생令諸衆生으로 각별지견各別知見이라 하여 각 주州마다 이 말이 있는 것을 말하는 것이다.

經

諸佛子야 此娑婆世界에 所言苦聖諦者를 彼密訓世界中엔 或名營求根이며 或名不出離며 或名繫縛本이며 或名作所不應作이며 或名普鬪諍이며 或名分析悉無力이며 或名作所依며 或名極苦며 或名躁動이며 或名形狀物이니라

모든 불자여, 이 사바세계에서 말한 바 고성제를 저 밀훈세계[101] 가운데서는 혹은 이름이 꾀하여[102] 구하는 뿌리이며
혹은 이름이 벗어나지 않는 것이며
혹은 이름이 얽어매는 근본이며
혹은 이름이 응당 짓지 말아야 할 바를 짓는 것이며
혹은 이름이 널리 투쟁하는 것이며
혹은 이름이 분석함에 다 힘이 없는 것이며
혹은 이름이 의지할 바를 짓는 것이며
혹은 이름이 극심한 괴로움이며
혹은 이름이 조급하게 움직이는 것이며
혹은 이름이 형상의 물건입니다.

---

101 밀훈세계는 영인본 화엄 4책, p.421, 9행에 나온 바 있다. 즉 이 사바세계 동쪽에 다음으로 세계가 있나니 이름이 밀훈이라 하였다.

102 營은 꾀할 영 자이다.

疏

第二는 辨十方諦名이니 密訓은 卽東方界也라 苦에 名分析悉無力者는 推之於緣인댄 無實物也라 形狀物者는 有形皆苦也니라

제 두 번째는 시방에 사제의 이름을 분별한 것이니
밀훈은 곧 동방의 세계이다.
고제에 이름을 분석함에 다 힘이 없는 것이라고 한 것은 저 인연을 꺾어버리면 진실한 물건이 없는 것이다.
형상의 물건이라고 한 것은 형상이 있으면 다 괴로운 것이다.

經

諸佛子야 所言苦集聖諦者를 彼密訓世界中엔 或名順生死며 或名染著이며 或名燒然이며 或名流轉이며 或名敗壞根이며 或名續諸有며 或名惡行이며 或名愛著이며 或名病源이며 或名分數니라

모든 불자여, 말한 바 고집성제를 저 밀훈세계 가운데서는 혹은 이름이 생사를 따르는 것이며
혹은 이름이 염착이며
혹은 이름이 태우는 것이며
혹은 이름이 유전하는 것이며
혹은 이름이 패하여 무너뜨리는 근본이며
혹은 이름이 삼유三有에 상속하는 것이며
혹은 이름이 악행이며
혹은 이름이 애착이며
혹은 이름이 병의 근원이며
혹은 이름이 분수分數라 합니다.

疏

集中에 病源者는 謂有攀緣故라

집제 가운데 병의 근원이라고 한 것은 말하자면 반연攀緣이 있는

까닭이다.

鈔

病源者는 卽淨名第二云호대 何謂病本고 謂有攀緣이니 從有攀緣하야 卽爲病本이라하니라 下文云호대 何斷攀緣고 以無所得이니 若無所得인댄 則無攀緣이라하니라 釋曰正引病本이요 無得因便이라

병의 근원이라고 한 것은 곧『정명경』제이권에 말하기를 어떤 것을 일러 병의 근원이라 하는가.
말하자면 반연이 있는 것이니 반연이 있음을 좇아 곧 병의 근본이 된다 하였다.
그 아래 문장에 말하기를 어떻게 반연을 끊는가.
얻을 바가 없는 것이니 만약 얻을 바가 없다면 곧 반연할 것이 없다 하였다.
해석하여 말하면 바로는 병의 근원에 대하여 인용한 것이고, 얻을 바가 없다고 한 것은 편리함을 인하여 인용하였을 뿐이다.

經

諸佛子야 所言苦滅聖諦者를 彼密訓世界中엔 或名第一義며 或名出離며 或名可讚歎이며 或名安隱이며 或名善入趣며 或名調伏이며 或名一分이며 或名無罪며 或名離貪이며 或名決定이니라

모든 불자여, 말한 바 고멸성제를 저 밀훈세계 가운데서는 혹은 이름이 제일의이며
혹은 이름이 벗어나는 것이며
혹은 이름이 가히 찬탄할 것이며
혹은 이름이 안은이며
혹은 이름이 잘 들어가는 것이며
혹은 이름이 조복하는 것이며
혹은 이름이 일분一分이며
혹은 이름이 죄가 없는 것이며
혹은 이름이 탐욕을 떠난 것이며
혹은 이름이 결정이라 합니다.

疏

滅에 云一分者는 惑由妄起일새 故分數塵沙나 理不可分일새 故稱一分이라

멸제에 말하기를 일분이라고 한 것은 번뇌가 망상을 인유하여 일어

나기에 그런 까닭으로 나누어진 수가 항하사 미진수 같지만 진리는 가히 나눌 수 없기에 그런 까닭으로 일분一分이라 이름한 것이다.

鈔

惑由妄起者는 卽大般若中에 若般若波羅蜜多淸淨과 若色淸淨과 若一切智智淸淨이 無二無二分이며 無別無斷故라하니 故無二分이 是眞滅耳니라 是以生公云호대 萬善은 理同而相兼하고 惡異而域絶이라하니 善因伏惑成別일새 故有八萬行名이라 行雖參差나 俱果菩提니 總由一理하야 以統之故니라 何有二分고 理不可分이 如虛空故니라

번뇌가 망상을 인유하여 일어난다고 한 것은 곧 대반야경 가운데 혹 반야바라밀다의 청정과 혹 색의 청정과 혹 일체지지의 청정이 둘도 없고 이분二分도 없으며 다른 것도 없고 끊을 것도 없는 까닭이다 하였으니,
그런 까닭으로 이분이 없는 것이 이것이 참다운 멸제인 것이다. 이런 까닭으로 도생 법사가 말하기를[103] 만 가지 선행은 진리[104]로 더불어 같아서 모습을 겸하였고, 악행은 진리로 더불어 달라서

---

103 도생 법사 운운은 此下에 제불자諸佛子야 소언고멸도성제자所言苦滅道聖諦者를 피밀훈세계중彼密訓世界中 云云 경문經文의 초문鈔文에도 설출說出하였다. 영인본 화엄 4책, p.471, 4행에 있다.

104 理는 體이다. 영인본 화엄 4책, p.471, 4행을 참고하라.

영역이 끊어졌다 하였으니

선행은 잠복한 번뇌를 인하여 다름을 이루기에 그런 까닭으로 팔만 행의 이름이 있는 것이다.

행은 비록 차별하지만 다 과위의 보리이니

모두 하나의 진리를 인유하여 그 행을 통괄하는 까닭이다.

어찌 이분이 있겠는가.

진리는 나눌 수 없는 것이 마치 허공과 같은 까닭이다.

經

諸佛子야 所言苦滅道聖諦者를 彼密訓世界中엔 或名猛將이며 或名上行이며 或名超出이며 或名有方便이며 或名平等眼이며 或名離邊이며 或名了悟며 或名攝取며 或名最勝眼이며 或名觀方이니라

모든 불자여, 말한 바 고멸도성제를 저 밀훈세계 가운데서는 혹은 이름이 용맹한 장수이며
혹은 이름이 최상으로 행하는 것이며
혹은 이름이 초월하여 벗어난 것이며
혹은 이름이 방편을 소유한 것이며
혹은 이름이 평등한 눈이며
혹은 이름이 변제[105]를 떠난 것이며
혹은 이름이 요달하여 깨닫는 것이며
혹은 이름이 섭수하여 가지는 것이며
혹은 이름이 가장 수승한 눈이며
혹은 이름이 방위를 관찰하는 것이라 합니다.

疏

道에 言上行者는 所之在滅이라

---

105 변제邊際는 경계境界이다.

도제에 최상으로 행하는 것이라고 말한 것은 가는[106] 바가 적멸에 있다는 것이다.

鈔

所之在滅者는 滅은 爲最上이요 之者는 適也니 道能證滅일새 故爲上行이라하니라 此言은 在於周易이니 故謙卦云호대 地道卑而上行이라하며 噬嗑卦의 彖辭云호대 柔得中而上行이라하고 注云호대 上行은 謂所之在進也니 凡言上行은 所之在貴也라하니라 今借此文勢니라

가는 바가 적멸에 있다고 한 것은 적멸이라고 한 것은 최상이 되고, 간다고 한(之字) 것은 따라간다(適字)는 것이니,
도로써 능히 적멸(滅)을 증득하기에 그런 까닭으로 최상으로 행하는 것이라 하였다.
이 말은 『주역』에 있나니 그런 까닭으로 겸괘謙卦[107]의 단사彖辭에 말하기를 땅의 도는 낮지만 위로 행한다 하였으며,
서합괘噬嗑卦의 단사彖辭에[108] 말하기를 부드러운 것이[109] 중간을 얻

106 원문에 지之 자는 행行 자의 뜻이다.

107 겸괘라고 한 것은 겸괘의 단사의 말이니 이 괘는 익을수록 고개를 숙이는 괘이다. 단사에 말하기를 겸괘는 형통한 것이니 하늘의 도는 아래로 도우지만 밝게 빛나고, 땅의 도는 낮지만 위로 올라간다. 하늘의 도는 가득 참을 덜어서 겸손을 보태어 주고, 땅의 도는 가득 참을 변하여 겸손이 흐르게 한다. 홍신문화사, 노태준 역, p.84, 겸괘는 이렇다. ䷎ 지산겸地山謙, 이 괘는 64괘 가운데 제15괘에 해당한다.

어 위로 행한다 하고, 주注에 말하기를 위로 행한다고 한 것은 말하자면 가는 바가 나아감에 있나니
무릇 말하기를 위로 행하는 것은 가는 바가 귀함에 있다 하였다.
지금에는 이 문세만 빌려 썼을 뿐이다.

疏

言觀方者는 謂觀四諦也라 更有四方하니 如十定品하니라

방위를 관찰한다고 말한 것은 말하자면 사제를 관찰하는 것이다.
다시 사방을 관찰한다는 말이 있나니 십정품과 같다.

鈔

觀方者는 卽涅槃三十六의 迦葉品中云호대 如恒河邊에 有七種衆生하니 一者는 沈沒이요 二者는 沒已還出하며 出已復沒이요 三者는

108 서합괘의 단사라 한 등은 서합괘는 만사가 형통한 괘이니 감옥을 사용하는 것이 이롭다. 단사에 말하기를 턱 가운데 물건이 있는 것을 말하여 서합이라 한다. 이 괘는 투쟁하면 이로운 괘이다. 강한 기운과 부드러운 기운이 나누어지고, 움직이되 밝으며, 우뢰와 번개가 서로 합하여 빛나고, 부드러운 기운이 중간을 얻어 위로 올라가나니 비록 위치가 마땅하지는 않지만 감옥을 이용하는 것이 이롭다 하였다. 홍신문화사, 노태준 역, p.99, 서합괘는 이렇다. ䷔ 화뢰서합火雷噬嗑. 서합괘는 64괘 가운데 제21괘에 해당한다.

109 부드러운 것이라고 한 등은 『잡화기』에 비록 부드럽지만 이미 일원중화一元中和의 기운을 얻은 까닭으로 능히 위로 올라간다 하였다.

沒已却出하며 出已不沒이요 四者는 出已觀方이요 五者는 觀方已去요 六者는 去至淺處則住요 七者는 到彼岸이라하시고 廣有合文하니라 今但取第四觀方一義니 經云호대 是名第四遍觀四方이니 四方者는 卽是四諦라하니라 釋曰能觀四諦는 卽是道諦니 故道名觀方이라하니라 更有四方如十定品者는 卽第四十二의 阿耨達池喩中에 合池四方云호대 佛子야 何者名爲菩薩四方고 所謂見一切佛하고 而得開悟가 一也요 聞一切法하고 受持不忘이 二也요 圓滿一切波羅蜜行이 三也요 大悲說法하야 滿足衆生이 四也라하니 釋曰若觀此四하면 爲菩薩道也니라

방위를 관찰한다고 한 것은 곧 『열반경』[110] 삼십육권 가섭품 가운데 말하기를 저 항하의 강변에 일곱 종류의 중생이 있나니
첫 번째는 침몰한 중생이요
두 번째는 침몰한 뒤에 도리어 나오며 나온 뒤에 다시 침몰한 중생이요
세 번째는 침몰한 뒤에 도리어 나오며 나온 뒤에 침몰하지 않는 중생이요
네 번째는 나온 뒤에 사방을 관찰하는 중생이요
다섯 번째는 사방을 관찰한 뒤에 가는 중생이요
여섯 번째는 가서 얕은 곳에 이르러 곧 머무는 중생이요

110 『열반경涅槃經』 운운은 此下에 고집성제자苦集聖諦者를 피환희세계중彼歡喜世界中 云云 경문經文의 초문鈔文에 자세히 설명說明하였다. 영인본 화엄 4책, p.483, 1행에 있다.

일곱 번째는 저 언덕에 이르는 중생이라 하시고
널리 법합法合의 문장이 있다.
지금에는 다만 제 네 번째 사방을 관찰하는 한 가지 뜻만을 취하였으니,
경에 말하기를 이 이름이 제 네 번째 사방을 두루 관찰하는 것이니
사방이라고 한 것은 곧 이것은 사제다 하였다.
해석하여 말하면 능히 사제를 관찰하는 것은 곧 이 도제이니
그런 까닭으로 도제를 이름하여 방위를 관찰하는 것이다 하였다.

다시 사방을 관찰한다는 말이 있나니 십정품과 같다고 한 것은
곧 제사십이권 아뇩달지 비유[111] 가운데 아뇩달지의 사방을 법합하여
말하기를 불자야, 어떤 것이 이름하여 보살의 사방이 되는가.
말하자면 일체 부처님을 친견하고 깨달음을 얻는 것이 첫 번째요
일체법을 듣고 받아 가져 잊지 않는 것이 두 번째요
일체 바라밀행을 원만하게 하는 것이 세 번째요
대비로 설법하여 중생을 만족하게 하는 것이 네 번째다 하였으니,
해석하여 말하면 만약 이 사방을 관찰하면 보살의 도가 된다는 것이다.

111 제사십이권 아뇩달지 비유(第四十二卷 阿耨達池喩)라고 한 것은 십정품十定品의 말이다.

經

諸佛子야 密訓世界에 說四聖諦가 有如是等四百億十千名하니 隨衆生心하야 悉令調伏케하니라
諸佛子야 此娑婆世界에 所言苦聖諦者를 彼最勝世界中엔 或名恐怖며 或名分段이며 或名可厭惡며 或名須承事며 或名變異며 或名招引怨이며 或名能欺奪이며 或名難共事며 或名妄分別이며 或名有勢力이니라

모든 불자여, 밀운세계에서 사성제를 설한 것이 이와 같은 등 사백억 십천 가지의 이름이 있나니
중생의 마음을 따라서 다 하여금 조복케 하기 위한 것입니다.

모든 불자여, 이 사바세계에서 말한 바 고성제를 저 최승세계 가운데서는 혹은 이름이 두려운 것이며
혹은 이름이 분단이며
혹은 이름이 가히 싫어하는 것이며
혹은 이름이 반드시 받들어 섬기는[112] 것이며
혹은 이름이 변하여 달라지는 것이며
혹은 이름이 원수를 불러 인도하는 것이며

---

112 원문에 수승須承이라 한 수須 자를 『잡화기』에는 구求의 뜻이니 사람을 수구하여 나를 섬기게 하되 혹 그 뜻을 얻지 못하면 곧 괴로움을 내는 것과 같다 하였다. 그러나 나는 반드시로 번역하였다.

혹은 이름이 능히 사기 쳐 빼앗는 것이며
혹은 이름이 함께 하기 어려운 일이며
혹은 이름이 허망하게 분별하는 것이며
혹은 이름이 세력이 있는 것이라 합니다.

疏

二에 最勝世界者는 卽是南方이니 前名豐溢이라 豐溢은 是正翻이요 最勝은 乃義譯耳라 苦名有勢力者는 生老病死가 猶四山臨人이니 世雖賢豪나 力無與競이라

두 번째 최승세계라고 한 것은 곧 남방이니
앞[113]에서는 풍일豐溢이라 이름하였다.
풍일은 바로 번역한 것이고, 최승은 이에 뜻으로 번역한 것이다.
고제에 이름을 세력이 있는 것이라고 한 것은 생로병사가 비유하자면 사산四山이 사람에게 임하는 것과 같나니,
세상에 비록 어진 사람이나 호걸이 있다 할지라도 그 힘으로는 더불어 다툴 수 없는 것이다.

鈔

生老病死等者는 涅槃二十九中에 釋八喩호대 非喩云호대 云何非喩

113 앞(前)이란, 여래명호품이니 영인본 화엄 4책, p.422, 6행이다.

고 如我昔에 告波斯匿王云호대 大王이여 有親信人하야 從四方來하야 各作是言호대 大王이여 有四大山하야 從四方來하야 欲害人民이라하니다 王若聞者인댄 當設何計리요 王言世尊이시여 設有此來라도 無逃避處니 唯當專心하야 持戒布施니다 我卽讚言호대 善哉大王이여 我說四山은 卽是衆生의 生老病死이니 生老病死가 常來切人거늘 云何大王이 不修施戒리요하니 卽其事也니라 故로 賢與不肖와 豪强羸弱이 同爲四遷하야 一無脫者며 梵王帝釋과 貧窮下賤과 堯舜桀紂와 三苗四凶이 併歸灰壞니 皆爲苦依니라

생로병사라고 한 등은 『열반경』 이십구권 가운데 여덟 가지 비유(八喩)[114]를 해석하되 제 네 번째 비유非喩[115]에 말하기를 어떤 것이 비유非喩인가.

내가 옛날에 바사익왕에게 일러 말하기를 대왕이여, 친히 믿는 사람이 있어 사방으로 좇아 와서 각각 이런 말을 하되 대왕이시여, 사대산이 있어 사방으로 좇아 와서 인민을 해치고자 합니다 하였습니다. 왕이 만약 그 말을 들었다면 마땅히 무슨 계책을 세우겠습니까. 바사익왕이 말하기를 세존이시여, 설사 이들이 있어 온다 할지라도 도피할 곳이 없나니 오직 마땅히 마음을 오로지하여 계를 가지고 보시할 것입니다.

---

114 팔유八喩는 순유順喩, 역유逆喩, 현유現喩, 비유非喩, 선유先喩, 후유後喩, 선후유先後喩, 변유遍喩이다.

115 비유非喩라고 한 것은 말하자면 여래의 설법에 그 말을 가설하여 비유한 것이고 실로는 그 사실이 있지 않는 것이라고 『잡화기』는 말한다.

내가 곧 찬탄하여 말하기를 거룩합니다, 대왕이여. 내가 말한 사대산은 곧 중생의 생로병사이니, 생로병사가 항상 와서 사람을 절박하게[116] 하거늘 어떻게 대왕이 보시와 지계를 닦지 않을 수 있겠습니까 하였으니 곧 그 사실이다.

그런 까닭으로 어진 사람과 불초한 사람과 호걸의 강성한 사람과 파리하여 약한 사람이 다 사산에 천변하여 한 사람도 벗어날 자가 없으며,

범천왕과 제석천왕과 빈궁한 사람과 하천한 사람과 요임금과 순임금과 하나라 걸왕과 은나라 주왕과 삼황과 사흉四凶[117]이 모두 다 재로 변하여 땅으로 돌아갔나니,[118]

다 고苦를 의지함이 된다는 뜻이다.

---

116 절切 자는 타본에 해害 자이다.

117 사흉四凶은 순舜임금 당시 악인惡人들이니 공공共工·환두驩兜·삼묘三苗·곤鯀이다.

118 회괴灰壞는 재로 변하여 땅으로 돌아간다는 것이니, 재로 변하여 한 줌의 흙이 된다는 뜻이다.

經

諸佛子야 所言苦集聖諦者를 彼最勝世界中엔 或名敗壞며 或名癡根이며 或名大怨이며 或名利刃이며 或名滅味며 或名仇對며 或名非己物이며 或名惡導引이며 或名增黑闇이며 或名壞善利니라

모든 불자여, 말한 바 고집성제를 저 최승세계 가운데서는 혹은 이름이 패하여 무너진 것이며
혹은 이름이 어리석음의 근원이며
혹은 이름이 큰 원수이며
혹은 이름이 예리한 칼날이며
혹은 이름이 맛이 없는 것이며
혹은 이름이 원수와 대면하는 것이며
혹은 이름이 자기 물건이 아니며
혹은 이름이 악도로 인도하는 것이며
혹은 이름이 흑암을 증장하는 것이며
혹은 이름이 좋은 이익을 무너뜨리는 것이라 합니다.

疏

集에 名非己物者는 己本性淨거니 妄惑何預리요

집제에 이름을 자기의 물건이 아니라고 한 것은 자기의 본성이 청정하거니 망혹이 어떻게 관계하겠는가 하는 뜻이다.

經

諸佛子야 所言苦滅聖諦者를 彼最勝世界中엔 或名大義며 或名饒益이며 或名義中義며 或名無量이며 或名所應見이며 或名離分別이며 或名最上調伏이며 或名常平等이며 或名可同住며 或名無爲니라

모든 불자여, 말한 바 고멸성제를 저 최승세계 가운데서는 혹은 이름이 큰 뜻이며
혹은 이름이 요익이며
혹은 이름이 뜻 가운데 뜻이며
혹은 이름이 양이 없는 것이며
혹은 이름이 응당 보는 바이며
혹은 이름이 분별을 떠난 것이며
혹은 이름이 최상으로 조복하는 것이며
혹은 이름이 항상 평등한 것이며
혹은 이름이 가히 같이 머물 만한 것이며
혹은 이름이 작위함이 없는 것이라 합니다.

疏

滅에 名義中義者는 事善有義나 滅理尤勝일새 義中義也라하니라

멸제에 이름을 뜻 가운데 뜻이라고 한 것은 사실(事)의 좋은 것이

의미가 있는 것이지만 적멸의 진리(理)가 더욱 수승하기에 뜻 가운데 뜻이라 한 것이다.

經

諸佛子야 所言苦滅道聖諦者를 彼最勝世界中엔 或名能燒然이며 或名最上品이며 或名決定이며 或名無能破며 或名深方便이며 或名出離며 或名不下劣이며 或名通達이며 或名解脫性이며 或名能度脫이니라

모든 불자여, 말한 바 고멸도성제를 저 최승세계 가운데서는 혹은 이름이 능히 태우는 것이며
혹은 이름이 최고 상품이며
혹은 이름이 결정이며
혹은 이름이 능히 파괴할 수 없는 것이며
혹은 이름이 깊은 방편이며
혹은 이름이 벗어나는 것이며
혹은 이름이 하열하지 않는 것이며
혹은 이름이 통달이며
혹은 이름이 해탈한 성품이며
혹은 이름이 능히 제도하여 벗어나게 하는 것이라 합니다.

疏

道에 名燒然은 以智慧火로 燒煩惱故니라

도제에 이름을 태우는 것이라고 한 것은 지혜의 불로써 번뇌를 태우는 까닭이다.

經

諸佛子야 最勝世界에 說四聖諦가 有如是等四百億十千名하니 隨衆生心하야 悉令調伏케하니라

諸佛子야 此娑婆世界에 所言苦聖諦者를 彼離垢世界中엔 或名悔恨이며 或名資待며 或名展轉이며 或名住城이며 或名一味며 或名非法이며 或名居宅이며 或名妄著處며 或名虛妄見이며 或名無有數니라

모든 불자여, 최승세계에서 사성제를 설한 것이 이와 같은 등 사백억 십천 가지의 이름이 있나니
중생의 마음을 따라서 다 하여금 조복케 하기 위한 것입니다.

모든 불자여, 이 사바세계에서 말한 바 고성제를 저 이구세계 가운데서는 혹은 뉘우치고 한탄하는 것이며
혹은 이름이 도움을 기다리는 것이며[119]
혹은 이름이 전전展轉[120]하는 것이며
혹은 이름이 성에 머무는 것이며
혹은 이름이 한맛이며

119 도움을 기다린다고 한 등은, 『잡화기』에 고제가 굶주리고 목마르고 춥고 더운 등의 병을 따르는 바가 되는 까닭으로 수구하는 바가 있는 것을 말하는 것이다 하였다. 즉 도움을 기다린다는 것이다.

120 전전展轉은 반복한다는 뜻이다.

혹은 이름이 비법이며
혹은 이름이 집에 거처하는 것이며
혹은 이름이 허망하게 집착하는 곳이며
혹은 이름이 허망한 소견이며
혹은 이름이 수가 없는 것이라 합니다.

疏

三은 西方離垢世界니 苦에 名無有數者는 三際無涯故니라

세 번째는 서방의 이구세계이니
고제에 이름을 수가 없는 것이라고 한 것은 삼제三際가 끝이 없는 까닭이다.

經

諸佛子야 所言苦集聖諦者를 彼離垢世界中엔 或名無實物이며 或名但有語며 或名非潔白이며 或名生地며 或名執取며 或名鄙賤이며 或名增長이며 或名重擔이며 或名能生이며 或名麁獷이니라

모든 불자여, 말한 바 고집성제를 저 이구세계 가운데서는 혹은 이름이 실물이 없는 것이며
혹은 이름이 다만 말만 있을 뿐이며
혹은 이름이 결백하지 못한 것이며
혹은 이름이 생기하는 땅이며
혹은 이름이 집착하여 취하는 것이며
혹은 이름이 비천한 것이며
혹은 이름이 증장하는 것이며
혹은 이름이 무거운 짐이며
혹은 이름이 능히 생기하는 것이며
혹은 이름이 크게 사나운[121] 것이라 합니다.

疏

集에 名增長者는 從惑生惑業故니라

---

121 獷은 사나울 광 자이다.

집제에 이름을 증장이라고 한 것은 혹惑을 좇아 혹과 업(惑·業)을 생기하는 까닭이다.

鈔

從惑生惑業者는 卽俱舍頌이라 具云호대 從惑生惑業하고 從業生於事하며 從事事惑生하나니 有支理唯此라하니라 此偈는 六地當釋일새 今但要此句니라 從惑生惑者는 謂從愛生取也요 言從惑生業者는 卽從取生有하며 及無明生行이라 事는 卽是苦니 今但說集일새 唯擧惑業이라

혹을 좇아 혹과 업을 생기한다고 한 것은 곧 『구사론』 게송[122]이다. 그 게송에 갖추어 말하기를
혹을 좇아 혹과 업을 생기하고
업을 좇아 사事[123]를 생기하며
사를 좇아 사와 혹을 생기하나니
십이유지(有支)의 이치(도리)가 오직 이것[124]이다 하였다.
이 게송은 육지六地에서 마땅히 해석할 것[125]이기에 지금에는 다만

---

122 『구사론俱舍論』은 제구권第九卷, 분별세품分別世品 三의 二니 아래 주자권珠字卷 4장에 잘 나타나 있다.

123 사事는 고苦이다.

124 유차唯此라 한 차此는 혹惑·업業·고苦이다.

125 육지에서 마땅히 해석할 것이라고 한 것은 역시 주자권珠字卷 4장 하, 5행에 있다. 바로 위에 업을 좇아 사를 생기한다고 한 것은 말하자면 행을 좇아

이 한 구절[126]만 요망한 것이다.

혹惑을 좇아 혹을 생기한다고 한 것은 말하자면 애愛를 좇아 취取를 생기하는 것이요

혹을 좇아 업을 생기한다고 말한 것은 곧 취를 좇아 유有를 생기하며 그리고 무명無明으로 행行을 생기하는 것이다.

사事라고 한 것은 곧 이 고苦이니,

지금에는 다만 집集만을 설하기에 오직 혹과 업만을 거론하였을 뿐이다.

식을 생기하는 것과 그리고 유를 좇아 생을 생기하는 것이요, 사를 좇아 사와 혹을 생기한다고 한 등은 두 가지 뜻이 있나니, 첫 번째는 사를 좇아 사를 생기하는 것이니 말하자면 식이 명색 등을 생기하는 것과 그리고 생이 노·사를 생기하는 것이요, 두 번째는 사를 좇아 혹을 생기하는 것이니 말하자면 수가 애를 생기하는 것과 노사가 무명을 생기하는 것이다. 역시 바로 위에 십이유지라고 한 등은 말하자면 모든 유지有支는 오직 이 십이유지만이 도리가 만족한 것이다. 이상은 『잡화기』의 말로써 게송 마지막에 유차唯此라는 말을 오직 이 십이유지라 하나, 나는 유차唯此라는 말을 오직 이 혹·업·고라고 본다.

126 차구此句란, 종혹생혹업從惑生惑業이다.

經

諸佛子야 所言苦滅聖諦者를 彼離垢世界中엔 或名無等等이며 或名普除盡이며 或名離垢이며 或名最勝根이며 或名稱會며 或名無資待며 或名滅惑이며 或名最上이며 或名畢竟이며 或名破印이니라

모든 불자여, 말한 바 고멸성제를 저 이구세계 가운데서는 혹은 이름이 비등할 수 없고 비등할 수 없는 것이며
혹은 이름이 널리 제거하여 다한 것이며
혹은 이름이 때를 떠난 것이며
혹은 이름이 가장 수승한 뿌리이며
혹은 이름이 칭합하여 아는 것이며
혹은 이름이 도움을 기다릴 것이 없는 것이며
혹은 이름이 번뇌를 소멸한 것이며
혹은 이름이 최상이며
혹은 이름이 필경이며
혹은 이름이 도장이 깨어진 것이라 합니다.

疏

滅에 名稱會者는 以事之滅로 稱會理滅故라 破印者는 世之陰苦가 若蠟印印泥에 印壞文成하야 此陰纔滅에 彼陰續生거니와 今云破印은 永不生也니라

멸제에 이름을 칭합하여 아는 것이라고 한 것은 사실(事)의 멸滅로써 진리(理)의 멸滅에 칭합하여 아는 까닭이다.

도장이 깨어진 것이라고 한 것은 세간에 오음의 고통이 마치 밀도장[127]으로 진흙에다 찍음에 도장은 깨어지지만 문체는 이루어지는 것과 같아서 이 오음五陰[128]이 겨우 사라짐에 저 오음五陰[129]이 이어서 생겨나거니와 지금은 말하기를 도장이 깨어진 것[130]이라고 한 것은 영원히 생겨나지 않는다는 것이다.

鈔

若蠟印印泥者는 涅槃二十九니 下當廣釋이어니와 次下疏文이 卽彼經文일새 今當略引하리라 經云호대 善男子야 如日垂沒에 山陵堆阜가 影現東移나 理無西逝인달하야 衆生果報도 亦復如是하야 此陰滅時에 彼陰續生호미 如燈生暗滅하고 燈滅暗生하니라 善男子야 如蠟印印泥에 印與泥合하면 印滅文成이나 而是蠟印이 不變在泥하며 文非泥出하며 不餘處來하야 以印因緣으로 而生是文인달하야 現在陰

---

127 원문에 납인蠟印은 벌똥으로 만든 도장이다. 蠟은 밀 랍 자이다.

128 원문에 차음此陰은 현재現在 오음五陰이다.

129 원문에 피음彼陰은 미래未來 오음五陰이다.

130 도장이 깨어진 것이라고 한 것은, 이미 그 도장은 밀랍으로 만든 바인 까닭으로 그 자성이 견고하지 못한 것이니 진흙에 들어가면 곧 깨어지는 것이다. 대개 현재 오음이 이미 깨어짐에 다시 뒤에 오음이 생기는 한 가지 뜻만 비유한 뿐이니, 천착한들 무슨 소용이 있겠는가. 이상은 『잡화기』의 말이다.

滅에 中陰陰生이나 是現在陰이 終不變爲中陰五陰하며 中陰五陰이 亦非自生하며 不從餘來하야 因現陰故로 生中陰陰하니라 如蠟印印泥에 印壞文成인달하야 名雖無差나 而時節有異라하니라 釋曰義至下釋이어니와 今意在破印耳니라 陰卽是苦나 若證滅理인댄 現在之陰이 不爲後因이니 後陰不生이 卽破印也니라

밀도장으로 진흙에다 찍는 것과 같다고 한 것은 곧 『열반경』 이십구권이니,
아래에서 마땅히 널리 해석[131]할 것이어니와 그 다음 아래에 소문[132]이 곧 저 『열반경』의 문장이기에 지금에는 마땅히 간략하게만 인용하겠다.

『열반경』에 말하기를 선남자야, 해가 질 무렵에 산언덕이 그림자가 동쪽으로 옮겨 나타나지만[133] 이치(해)는 서쪽으로 간 적이 없는 것과 같아서 중생의 과보도 또한 다시 이와 같아서 이 오음이 사라질 때에 저 오음이 이어서 생겨나는 것이 마치 등불이 생겨남에 어둠이 사라지고 등불이 사라짐에 어둠이 생겨나는 것과 같은 것이다.

---

131 원문에 하당광석下當廣釋이란, 여자권餘字卷 상권, 16장 下面에 해석하였다. 『유망기』는 여자권 하권, 17장 상, 3행이라 하니 살펴볼 것이다.

132 원문에 차하소문次下疏文이란, 약랍인인니若蠟印印泥라 한 다음이니, 인괴문성하印壞文成下에 소문疏文을 말한다.

133 원문에 여일수몰如日垂沒은 차음멸시此陰滅時에 비유하고, 영현동이影現東移는 후음속생後陰續生에 비유한다.

선남자야, 밀도장으로 진흙에다 찍음에 도장이 진흙으로 더불어 합하면 도장은 사라지고 문체는 이루어지지만, 이 밀도장이 변하여 진흙에 있는 것도 아니며[134] 문체가 진흙을 벗어난 것도 아니며 나머지 다른 곳에서 온 것도 아니어서 찍은 인연으로 이 문체가 생겨나는 것과 같아서 현재의 오음이 사라짐에 중음中陰의 오음이 생겨나지만, 이 현재의 오음이 마침내 변하여 중음의 오음이 된 것이 아니며 중음의 오음이 또한 스스로 생겨난 것도 아니며 나머지 다른 곳으로 좇아 온 것도 아니어서 현재의 오음을 인한 까닭으로 중음의 오음이 생겨나는 것이다.

마치 밀도장으로 진흙에다 찍음에 도장은 깨어지지만 문체는 이루어지는 것과 같아서 이름은 비록[135] 차이가 없지만 시절이 차이가 있다 하였다.

해석하여 말하면 그 뜻은 아래[136]에 이르러 해석할 것이어니와 지금에는 그 뜻이 도장이 깨어졌다고 함에 있을 뿐이다.

---

134 이 밀도장이 변하여 진흙에 있는 것도 아니라고 한 것은 『잡화기』에 이 밀랍도장이 끝내 변하여 저 진흙 가운데 있는 것도 아니다. 그러나 이 가운데 인과 가운데 각각 단斷·상常이 있나니 여자권餘字卷 하권, 17장을 보라고 하였다.

135 이름은 비록 운운은 印壞故文成하니 二義無差요 印壞後方文成하니 如陰滅後에 中陰生故로 時有先後也라. 즉 도장이 깨어진 까닭으로 문체가 이루어지나니 두 가지 뜻이 차이가 없고, 도장이 깨어진 뒤에 바야흐로 문체가 이루어지나니 마치 오음이 사라진 뒤에 중음이 생겨나는 까닭으로 시간이 선후가 있다는 것이다.

136 아래란, 여자권餘字卷 하권, 17장이다.

오음은 곧 고苦이지만 만약 적멸(滅)의 이치를 증득하면 현재의 오음이 후음後陰의 원인이 되지 않나니,
후제의 오음이 생겨나지 않는 것이 곧 도장이 깨어진 것이다.

經

諸佛子야 所言苦滅道聖諦者를 彼離垢世界中엔 或名堅固物이며 或名方便分이며 或名解脫本이며 或名本性實이며 或名不可毁呰며 或名最淸淨이며 或名諸有邊이며 或名受寄全이며 或名作究竟이며 或名淨分別이니라

모든 불자여, 말한 바 고멸도성제를 저 이구세계 가운데서는 혹은 이름이 견고한 물건이며
혹은 이름이 방편분이며
혹은 이름이 해탈의 근본이며
혹은 이름이 본성이 진실한 것이며
혹은 이름이 가히 비방하거나 헐뜯지[137] 못하는 것이며
혹은 이름이 가장 청정한 것이며
혹은 이름이 삼유의 끝이며
혹은 이름이 받아 의지함이 온전한 것이며
혹은 이름이 구경을 짓는 것이며
혹은 이름이 청정하게 분별하는 것이라 합니다.

疏

道에 名諸有邊者는 照實卽生死可盡也라 故中論云호대 眞法及

137 呰는 흠 자 자이다.

說者와 聽者難得故니 是故則生死가 非有邊無邊이라하니 謂三事難得일새 故非有邊이어니와 難得者는 容有得義니 得則生死가 有邊이라 受寄全者는 業寄於集인댄 暫受還亡거니와 業寄於道인댄 永不可失하니라

도제에 이름을 삼유의 끝이라고 한 것은 비춤이 진실하면 곧 생사가 가히 다할 것이다.
그런 까닭으로 『중론』[138]에 말하기를
참다운 법과 그리고 설하는 사람과
듣는 사람을 얻기 어려운 까닭이니
이런 까닭으로 곧 생사가
유변도 무변도 아니다 하였으니,
말하자면 이 세 가지 사실[139]을 얻기 어렵기에 그런 까닭으로 유변이 아니거니와 얻기 어렵다고 한 것은 얻을 수 있다는 뜻을 용납한 것이니,
얻었다고 한다면 곧 생사가 유변인 것이다.

받아 의지함이 온전하다고 한 것은 업이 집集을 의지하면 잠깐 받다가 도리어 없어지거니와, 업이 도道를 의지하면 영원히 가히 없어지지 않는 것이다.

---

138 『중론中論』은 제사권第四卷이니, 이것은 청목靑目이 번역한 『중론中論』 제사권第四卷에 있다.

139 세 가지 사실이란, 참다운 법과 설하는 사람과 듣는 사람이다.

鈔

照實等者는 此正立理요 故中論下는 引證이라 先은 擧偈文이니 卽邪見品이라 先有偈云호대 若世間有邊인댄 云何有後世리요 若世間無邊인댄 云何有後世리요하니 上反釋之라 次云호대 五陰常相續이 猶如燈火焰하나니 以是於世間이 不應邊無邊이라하니라 釋曰以緣生性空故로 不屬邊無邊이라 復次如四百觀說하니라 眞法及說者等은 此約相說이니 不遇因緣하면 則生死無邊하고 遇則有邊이라 此有三事하니 一에 眞法은 如良藥이요 二에 說者는 如良醫요 三에 聽者는 如可治之病이라 若具此三인댄 煩惱病愈하야 生死可盡이니 盡卽是有邊이라 不具此三인댄 煩惱浩然하야 生死無畔이니 斯則無邊이라 故結云호대 非有邊非無邊也라 하니라 謂三事下는 疏釋上偈니 卽影公意라 彼疏云호대 難得故非有邊이요 難得故非無邊이라하니 言猶難見일새 故取意釋이라 夫言難得은 非全不得이라 若全不得인댄 一向無邊이어니와 今有得者라하니 得則有邊이요 以難得故면 則無邊耳니라 此亦約一人而說이어니와 若總望一切인댄 難有其邊이라 業寄於集者는 設修善業이라도 有漏心修는 是寄於集이니 因盡報謝일새 故云還亡이라하니라 無漏心修는 是寄於道니 道符於理일새 直趣菩提니라

비춤이 진실하면이라고 한 등은 이것은 바로 이치를 세운 것이요 그런 까닭으로 『중론』이라고 한 아래는 인용하여 증거한 것이다. 먼저는 게송문을 거론한 것이니

곧 사견품이다.

먼저 게송을 두어 말하기를

만약 세간이 유변이라면[140]

어떻게 후세가 있겠는가.

만약 세간이 무변이라면

어떻게 후세가 있겠는가 하였으니

이상은 반대로 해석한(反釋) 것이다.

다음에 말하기를

오음이[141] 항상 상속하는 것이

비유하자면 등불 꽃과 같나니

---

140 만약 세간이 유변이라면 이라고 한 등은, 저 『중론』에 말하기를 만약 세간이 유변이라면 응당 다시 후세가 있지 않아야 할 것이어늘, 그러나 지금에는 실로 후세가 있으니 이런 까닭으로 세간이 유변이라는 뜻이 그렇지 않는 것이다.
만약 세간이 무변이라면 이 생이 만고까지 뻗어 영원히 있거나 또한 응당 다시 후세가 있지 않아야 할 것이어늘, 그러나 지금에는 실로 후세가 있으니 이런 까닭으로 세간이 무변이라는 뜻도 또한 그렇지 않는 것이다. 이상은 다 『잡화기』의 뜻이다. 이 말은 영인본 화엄 7책, p.126, 7행에도 인용하였다.

141 다음에 말하기를 오음이 운운은, 저 『중론』에 말하기를 앞에 오음을 인하여 다시 오음을 생기하나니 오음이 차례로 상속하는 것이 마치 수많은 인연이 화합하여 등불이 있는 것과 같다. 만약 수많은 인연이 다 떠나면 등불은 사라지고, 수많은 인연이 다 떠나지 않으면 등불은 사라지지 않는 까닭으로 세간이 유변이다, 무변이다 말함을 얻을 수 없는 것이다 하였다. 다 『잡화기』의 말이다.

이런 까닭으로 세간이
응당 유변도 무변도 아니다 하였다.
해석하여 말하면 인연으로 생겨난 것은 자성이 공한 까닭으로 유변에도 무변에도 속하지 않는다는 것이다.
다시 다음은[142] 사백관四百觀[143]에 설한 것과 같다.

참다운 법과 그리고 설하는 사람이라고 한 등은 이것은 모습을 잡아 설한 것이니,
인연을 만나지 못하면 곧 생사가 끝이 없고 만나면 곧 끝이 있다.
여기에 세 가지 사실이 있나니
첫 번째 참다운 법은 좋은 약과 같고
두 번째 설하는 사람은 어진 의사와 같고
세 번째 듣는 사람은 가히 치료할 병과 같다.
만약 이 세 가지 사실을 구족하면 번뇌의 병이 나아 생사가 가히 다할 것이니,
다한다는 것은 곧 끝이 있다(有邊)는 것이다.
이 세 가지 사실을 구족하지 못하면 번뇌가 더욱 커서 생사가 끝이 없을 것이니,

---

142 원문에 부차復次라 한 위에 『중론』에는 次云이라는 두 글자가 있다 하였다. 역시 『잡화기』의 말이다.

143 원문에 四 사는 『중론中論』 본론本論에는 사백관四百觀이라 하였다. 그러나 교정엔 中 자라 하였으니 『중론中論』 가운데 백관百觀에서 설한 것과 같다는 뜻이다. 응당 중백관中百觀이라 할 것이다.

이것은 곧 끝이 없다(無邊)는 것이다.
그런 까닭으로 맺어서 말하기를 유변도 아니고 무변도 아니다 하였다.

말하자면 세 가지 사실이라고 한 아래는 소문에서 위에 게송을 해석한 것이니
곧 영공[144] 법사의 뜻이다.
저 소문에서 말하기를 얻기 어려운 까닭으로 유변도 아니고 얻기 어려운 까닭으로 무변도 아니다 하였으니,
말을 오히려 보기 어렵기에 그런 까닭으로 뜻만을 취하여 해석하였다.
대저 얻기 어렵다고 말한 것은 온전히 얻지 못한다는 것이 아니다.
만약 온전히 얻지 못한다면 한결같이 끝이 없을(無邊) 것이어니와 지금에는 얻을 수 있다 하였으니,
얻을 수 있다면 곧 끝이 있다는 것이요
얻기 어려운 까닭이라면 곧 끝이 없다는 것이다.
이것은 또한 한 사람을 잡아서 설한 것이어니와 만약 한꺼번에 일체 사람을 바라본다면 그 끝이 있다 하기가 어려울 것이다.

업이 집集을 의지한다고 한 것은 설사 선업을 닦을지라도 유루의 마음으로써 닦는 것은 이것은 집集을 의지한 것이니,

---

144 영공影公은 담영曇影이니 羅什의 제자이다.

원인이 다 하면 과보도 사라지기에 그런 까닭으로 말하기를 도리어 없어진다 하였다.

무루의 마음으로 닦는 것은 이것은 도를 의지한 것이니,

도가 진리에 부합하기에 바로 보리에 나아가는 것이다.

經

諸佛子야 離垢世界에 說四聖諦가 有如是等四百億十千名하니 隨衆生心하야 悉令調伏케하니라
諸佛子야 此娑婆世界에 所言苦聖諦者를 彼豐溢世界中엔 或名愛染處며 或名險害根이며 或名有海分이며 或名積集成이며 或名差別根이며 或名增長이며 或名生滅이며 或名障礙며 或名刀劍本이며 或名數所成이니라

모든 불자여, 이구세계에서 사성제를 설한 것이 이와 같은 등 사백억 십천 가지의 이름이 있나니
중생의 마음을 따라서 다 하여금 조복케 하기 위한 것입니다.

모든 불자여, 이 사바세계에서 말한 바 고성제를 저 풍일세계 가운데서는 혹은 이름이 사랑에 물든 곳이며
혹은 이름이 험하고 해로운 근본이며
혹은 이름이 삼유 바다의 분한이며
혹은 이름이 쌓아 모아 이루는 것이며
혹은 이름이 차별의 근본이며
혹은 이름이 증장하는 것이며
혹은 이름이 생멸하는 것이며
혹은 이름이 장애이며
혹은 이름이 칼의 근본이며

혹은 이름이 수數로 이루어진 바라 합니다.

疏

四에 北方豐溢世界者는 豐溢은 自南方界名이니 前品에 此方은 名爲豐樂이라하니라 梵云微部地(田夷切)는 豐樂得旨니 譯者不審하야 二名相參耳니라 若名有海分者는 二十五有가 各一分也니라 數所成者는 數體卽集이니 集所成故니라

네 번째 북방의 풍일세계는 풍일은 남방세계[145]로부터 이름한 것이니 앞 품에서 이 방위는 이름을 풍락豐樂[146]이라 하였다.
범어에 말하기를 미부지微部地[147]라 한 것은 풍락이라는 뜻을 얻나니 번역하는 사람이 살피지 못하여 두 가지 이름[148]을 서로 섞어 해석한 것이다.

고제에 이름을 삼유 바다의 분한이라고 한 것은 이십오유가 각각 일분一分이다.

---

145 앞 품(前品)에서 풍일은 남방南方세계라 하였다. 영인본 화엄 4책, p.422, 6행이다.

146 풍락豐樂은 영인본 화엄 4책, p.423, 8행에 풍락豐樂이라 하였다. 영인본 화엄 4책, p.422, 6행에는 풍일豐溢이라 하였다.

147 미부지微部地라고 한 아래에 (선이절田夷切)이라고 한 것은 지地 자에 대한 발음의 표기이니 전田 자와 이夷 자를 반절로 발음하라는 것이다.

148 二名이란, 풍일豐溢과 풍락豐樂이다.

수로 이루어진 바라고 한 것은 수의 자체가 곧 집集이니 집으로 이루어진 바인 까닭이다.

鈔

二十五有者는 頌云호대 四洲四惡趣와 梵王六欲天과 無想五那含과 四空幷四禪이라하니 廣如涅槃十四하니라 數體卽集者는 有爲之法을 總名爲數며 亦心數也어니와 今總中取別하야 云卽集也라하니라

이십오유라고 한 것은 게송에 말하기를
사주세계와 사악취와
범천왕과 육욕천과
무상천과 오나함천과
사공천과 아울러 사선천이다 하였으니,
널리는 『열반경』 십사권에 설한 것과 같다.

수의 자체가 곧 집이라고 한 것은 유위의 법을 모두 이름하여 수數라 하며 또한 이름을 심수心數라 하거니와
지금에는 총현 가운데 별의別意를 취하여 말하기를 곧 집集이라 하였다.

經

諸佛子야 所言苦集聖諦者를 彼豐溢世界中엔 或名可惡며 或名名字며 或名無盡이며 或名分數며 或名不可愛며 或名能攫噬며 或名麁鄙物이며 或名愛著이며 或名器며 或名動이니라

모든 불자여, 말한 바 고집성제를 저 풍일세계 가운데서는 혹은 이름이 가히 싫어할 만한 것이며
혹은 이름이 명자名字이며
혹은 이름이 끝이 없는 것이며
혹은 이름이 분수分數이며
혹은 이름이 가히 사랑할 수 없는 것이며
혹은 이름이 능히 움켜쥐고 깨무는[149] 것이며
혹은 이름이 크게 더러운 물건이며
혹은 이름이 애착하는 것이며
혹은 이름이 그릇이며
혹은 이름이 움직이는 것이라 합니다.

疏

集에 名分數者는 無一理以貫之인댄 則惑業萬差矣니라 攫噬者는 攫은 搏也요 噬은 嚙也니 集之損害가 猶惡禽獸也니라

149 攫은 움켜쥘 확, 噬는 깨물 서, 嚙는 깨물 교이다.

집제에 이름을 분수라고 한 것은 한 이치로 관통할 수 없다면 곧 혹과 업이 만 가지로 차별할 것이라는 뜻이다.

움켜쥐고 깨문다고 한 것은 움켜쥔다(攫)는 것은 곧 잡을 박搏 자의 뜻이요,

깨문다(噬)는 것은 깨물 교嚙 자의 뜻이니

집集의 손해가 마치 악한 금수와 같다는 것이다.

鈔

無一理以貫之者는 生公云호대 凡順理生心을 名善이요 乖背爲惡이니 萬善理同하야 而相兼하고 惡異而域絶이라하니 卽斯義矣니라

한 이치로 관통할 수 없다고 한 것은 도생 법사가[150] 말하기를 무릇 진리를 따라 마음을 일으키는 것을 선善이라 이름하고,

진리를 어겨 등지는 것을 악惡이라 하나니

만 가지 선행은 진리로 더불어 같아서 모습을 겸하였고,

악행은 진리로 더불어 달라서 영역이 끊어졌다 하였으니

곧 이 뜻이다.

---

150 생공生公 운운은 앞에 영인본 화엄 4책, p.458, 3행에도 이미 설출說出하였다.

經

諸佛子야 所言苦滅聖諦者를 彼豐溢世界中엔 或名相續斷이며 或名開顯이며 或名無文字며 或名無所修며 或名無所見이며 或名無所作이며 或名寂滅이며 或名已燒盡이며 或名捨重擔이며 或名已除壞니라

모든 불자여, 말한 바 고멸성제를 저 풍일세계 가운데서는 혹은 이름이 상속하여 끊는 것이며
혹은 이름이 열어서 나타낸 것이며
혹은 이름이 문자가 없는 것이며
혹은 이름이 닦을 바가 없는 것이며
혹은 이름이 볼 바가 없는 것이며
혹은 이름이 지을 바가 없는 것이며
혹은 이름이 적멸이며
혹은 이름이 이미 태워 다한 것이며
혹은 이름이 무거운 짐을 버린 것이며
혹은 이름이 이미 제거하여 무너뜨린 것이라 합니다.

疏

滅에 名無所修者는 修已極故니라

멸제에 이름을 닦을 바가 없다고 한 것은 수행을 이미 다한 까닭이다.

經

諸佛子야 所言苦滅道聖諦者를 彼豐溢世界中엔 或名寂滅行이며 或名出離行이며 或名勤修證이며 或名安隱去며 或名無量壽며 或名善了知며 或名究竟道며 或名難修習이며 或名至彼岸이며 或名無能勝이니라

모든 불자여, 말한 바 고멸도성제를 저 풍일세계 가운데서는 혹은 이름이 적멸의 행이며
혹은 이름이 벗어난 행이며
혹은 이름이 부지런히 닦아 증득한 것이며
혹은 이름이 편안하게 가는 것이며
혹은 이름이 헤아릴 수 없는 수명이며
혹은 이름이 잘 요달하여 아는 것이며
혹은 이름이 구경의 도이며
혹은 이름이 닦아 익히기 어려운 것이며
혹은 이름이 피안에 이르는 것이며
혹은 이름이 능히 이길 것이 없는 것이라 합니다.

疏

道에 名無量壽者는 謂證滅永常이니 今因標果稱이라

도제에 이름을 헤아릴 수 없는 수명이라고 한 것은 말하자면 적멸을

증득하여 항상한 것이니

지금에는 원인으로써 과보[151]의 이름을 표한 것이다.

151 원인은 도道이고, 과보는 무량수無量壽이다.

經

諸佛子야 豐溢世界에 說四聖諦가 有如是等四百億十千名하니
隨衆生心하야 悉令調伏케하니라
諸佛子야 此娑婆世界에 所言苦聖諦者를 彼攝取世界中엔 或名能劫奪이며 或名非善友며 或名多恐怖며 或名種種戲論이며 或名地獄性이며 或名非實義며 或名貪欲擔이며 或名深重根이며 或名隨心轉이며 或名根本空이니라

모든 불자여, 풍일세계에서 사성제를 설한 것이 이와 같은 등 사백억 십천 가지의 이름이 있나니
중생의 마음을 따라서 다 하여금 조복케 하기 위한 것입니다.

모든 불자여, 이 사바세계에서 말한 바 고성제를 저 섭취세계 가운데서는 혹은 이름이 능히 세월(劫)을 빼앗는 것이며
혹은 이름이 선우가 아니며
혹은 이름이 두려움이 많은 것이며
혹은 이름이 가지가지 희론이며
혹은 이름이 지옥의 성품이며
혹은 이름이 진실한 뜻이 아니며
혹은 이름이 탐욕의 짐이며
혹은 이름이 깊고 무거운 뿌리이며
혹은 이름이 마음을 따라 전하는 것이며

혹은 이름이 근본적으로 공한 것이라 합니다.

疏

五는 東北方攝取世界니 苦에 名地獄性者는 未入忍來엔 常有墮性이라

다섯 번째는 동북방의 섭취세계이니
고제에 이름을 지옥의 성품이라고 한 것은 아직 인위忍位에 들지 못한 이래에는 항상 지옥에 떨어질 성품이 있는 것이다.

鈔

未入忍者는 俱舍云호대 煖必至涅槃이요 頂終不斷善이요 忍不墮惡趣요 第一入離生이라하니 四善根中에 第三이라야 方免地獄이니 故知苦依之身이 地獄性矣니라

아직 인위에 들지 못했다고 한 것은 『구사론』에 말하기를[152]

152 『구사론』에 말하기를 이라고 한 등은, 저 『구사론』에 해석하여 말하기를 사선근 가운데 만약 난법煖法을 얻는다면 비록 선근을 끊음에 물러남이 있어 무간업을 짓고, 악취 등에 떨어진다 해도 오랫동안 유전하지 않고 반드시 열반에 이르는 까닭이다.
만약 정법頂法을 얻는다면 비록 물러나는 등이 있다 해도 더욱 필경에 선근을 끊지 않는 것이다.

난법煖法은 반드시 열반에 이르게 하는 것이요
정법頂法은 마침내 선근이 끊어지지 않게 하는 것이요
인법忍法은 악취에 떨어지지 않게 하는 것이요
세제일법世第一法은 이생離生[153]에 들어가게 하는 것이다 하였으니
사선근[154] 가운데 제 세 번째 인법이라야 바야흐로 지옥을 면할 수 있나니
그런 까닭으로 고苦를 의지한 몸이 지옥의 성품인줄 알아야 할 것이다.

疏

根本空者는 約性以說이니 同淨名의 五受陰이 洞達空故니라

근본적으로 공한 것이라고 한 것은 자성을 잡아 설한 것이니

만약 인법忍法을 얻을 때에 비록 목숨이 마침에 버리고 이생위異生位에 머문다 해도 더욱 물러남이 없고 무간업을 짓지 않아 악취에 떨어지지 않나니, 이 이생위 가운데서 모든 악취에 떨어지지 않는 것은 이미 저 모든 업의 번뇌를 멀리 떠난 까닭이다.
세제일법을 얻을 때에 비록 이생위에 머문다 해도 능히 정성이생正性離生에 취입하나니, 이 사선근이 각각 삼품이 있는 것은 성문 등이 종성이 다름을 인유한 까닭이다 하였다. 이상은 다 『잡화기』의 말이다. 이생은 범부의 다른 이름이다. 정성이생은 다음 줄 이생에서 주석하겠다.

153 이생離生이란, 정성이생正性離生의 준말로 견도위를 말한다. 즉 열반의 정성正性을 얻어 번뇌의 생生을 멀리 떠난다는 것이다.

154 사선근四善根은 사가행四加行이라고도 한다.

『정명경』에 오수음五受陰[155]이 공한 줄 통달하였다고 한 것과 같은 까닭이다.

鈔

同淨名者는 卽迦旃延章이니 謂不生不滅은 是無常義요 五受陰洞達空無所起는 是苦義요 諸法畢竟無所有는 是空義요 於我無我而不二는 是無我義요 法本不生하고 今則無滅은 是寂滅義라하니 今唯要第一句니라 至第三會하야 當廣分別耳리라

『정명경』에 오수음이 공한 줄 통달하였다고 한 것과 같다고 한 것은 곧 『정명경』 가전연장[156]이니,
말하자면 나지도 않고 멸하지도 않는 것은 이 무상의 뜻이요,
오수음이 공하여 일어난 바가 없는 줄 통달하는 것은 이 고의 뜻이요,
모든 법이 필경에 있는 바가 없는 것은 이 공의 뜻이요,
아我와 무아無我가 둘이 없는 것은 이 무아의 뜻이요,
법이 본래 난 적도 없고 지금에 곧 멸한 적도 없는 것은 이 적멸의 뜻이다 하였으니,
지금에는 오직 한 구절만 요망할[157] 뿐이다.

---

155 오수음五受陰은 오음五陰이다.

156 가전연장迦旃延章이란, 『정명경淨名經』 제삼第三 제자품弟子品 중 가전연장迦旃延章이니, 경운經云 가전연迦旃延아, 제법諸法이 필경畢竟에 불생불멸不生不滅 운운이라 하였다.

157 원문에 유요일구唯要一句란, 제이구第二句의 오수음통달五受陰洞達이다.

제삼주에 이르러 마땅히 널리 분별하겠다.[158]

---

158 제삼주에 이르러 마땅히 널리 분별하겠다고 한 것은 성자권成字卷 하권, 6장에 있다. 즉 제삼주이다. 제삼회라고 한 것은 잘못이다.

經

諸佛子야 所言苦集聖諦者를 彼攝取世界中엔 或名貪著이며 或名惡成辦이며 或名過惡이며 或名速疾이며 或名能執取며 或名想이며 或名有果며 或名無可說이며 或名無可取며 或名流轉이니라

모든 불자여, 말한 바 고집성제를 저 섭취세계 가운데서는 혹은 이름이 탐착이며
혹은 이름이 악을 이루어 갖춘 것이며
혹은 이름이 과실과 죄악이며
혹은 이름이 빠른 것이며
혹은 이름이 능히 잡아 취하는 것이며
혹은 이름이 생각이며
혹은 이름이 과보가 있는 것이며
혹은 이름이 가히 설할 바가 없는 것이며
혹은 이름이 가히 취할 것이 없는 것이며
혹은 이름이 유전이라 합니다.

疏

集中에 由妄惑故로 愛見羅刹이 橫相執取어니와 妄體本空일새 故無可取니라 故中論云호대 虛誑妄取者는 是中何所取고 佛說如是法은 欲以示空義라하니라

집제 가운데 망혹을 인유한 까닭으로 애견나찰이 횡橫으로 서로 잡아 취하거니와, 망혹의 자체가 본래 공하기에 그런 까닭으로 가히 취할 것이 없는 것이다.

그런 까닭으로『중론』게송에 말하기를[159]

허망하게 속여 허망하게 취한다고 한 것은

이 가운데 무엇을 취하는 바인가.

부처님께서 말씀하시기를 이와 같은 법은

공의 뜻을 보이고자 한 것이다 하였다.

鈔

愛見等者는 愛見羅刹은 前已釋竟거니와 二地經云호대 身見羅刹이 於中執取하야 將其永入愛欲稠林이라하니라 妄體本空者는 由二義하니 前名執取요 後名無所取라하니 義似相違니라 故中論下는 釋無所取니 卽是行品이라 行卽是陰이니 謂小乘人이 爲菩薩하야 立過云호대 若一切法空인댄 何以佛說호대 虛誑妄取라하닛가 若有妄取인댄 法則不空이리다 故偈云호대 如佛經所說하야 虛誑妄取相은 諸法妄取故로 是名爲虛誑이라할새 故로 論主가 擧偈以答이니 卽如今疏에 所引偈是니라 此答意云호대 由不了空하야 無所取中에 而生取著일새 故云妄取라하니 若有可取인댄 不名妄取리라 明知하라 說於妄取는 正爲說空이요 如責翳人이 妄取空華는 正爲顯華가 是非有故니라

---

159 원문에 중론운中論云이란,『중론中論』은 모두 게송偈頌으로 이루어져 있다.

애견나찰이라고 한 등은 애견나찰은 앞에서 이미 해석하여 마쳤거니와[160] 제 이지경二地經에 말하기를 신견나찰이 그 가운데 잡아 취하여 장차 그 오온신을 영원히 애욕의 조림稠林에 들어가게 한다 하였다.

망혹의 자체가 본래 공하다고 한 것은 두 가지 뜻을 인유한 것이니 앞에서는 이름을 잡아 취하는 것이라 하였고, 뒤에서는 이름을 취할 바가 없는 것이라 하였으니 뜻이 서로 어기는 것 같다.

그런 까닭으로 『중론』이라고 한 아래는 취할 바가 없는 것이라고 한 것을 해석한 것이니,

곧 이것은 『중론』 행품行品이다.

행은 곧 음陰이니 말하자면 소승의 사람이 보살을 위하여 허물을 세워 말하기를 만약 일체법이 공하였다면 무슨 까닭으로 부처님이 말씀하시기를 허망하게 속여 허망하게 취한다 하십니까.

만약 허망하게 취하는 것이 있다면 법이 곧 공한 것이 아닐 것입니다.

그런 까닭으로 게송에 말하기를 부처님이 경에서 설한 바와 같아서[161]

---

160 앞에서 이미 해석하여 마쳤다고 한 것은 앞에 월자권月字卷 하권, 22장에서 이미 해석한 적이 있다.

161 부처님이 경에서 설한 바와 같다고 한 것은, 그 뜻에 말하기를 이미 부처님이 말씀하시기를 허망하게 속여 허망하게 취하는 모습이라 운운하였다면 곧 비록 능히 취하는 것은 이 허망이지만 취하는 바 모습은 곧 가히 공이라 말할 수 없는 것이니, 그것은 이미 취한다고 말한 까닭이다. 만약 법이 다 공이라고 한다면 무엇을 가져 취한다 말하는가 하는 것이니, 대개 법공을 어기지 않음을 인유한 까닭으로 이 비난(질문)이 있는 것이다. 이상은 다 『잡화기』의 말이다.

허망하게 속여 허망하게 취하는 모습은 모든 행을 허망하게 취하는 까닭으로 이것을 이름하여 허망하게 속이는 것이다 하였기에 그런 까닭으로 논주가 게송을 들어 답한 것이니,
곧 지금에 소문에서 인용한 바 『중론』 게송이 이것이다.
이 답하는 뜻에 말하기를 공한 줄 알지 못하여 취할 바가 없는 가운데 취하여 집착함을 내는 것을 인유하기에 그런 까닭으로 말하기를 허망하게 취하는 것이다 하였으니,
만약 가히 취할 것이 있다면 허망하게 취하는 것이라 이름할 수 없는 것이다.
분명히 알아라.
허망하게 취하는 것이라고 말한 것은 바로 공한 것을 설하기 위한 것이요,
눈병난 사람이 허망하게 허공의 꽃을 취하는 것을 꾸짖는 것과 같은 것은 바로 꽃이 있지 아니함을 나타내기 위한 까닭이다.

經

諸佛子야 所言苦滅聖諦者를 彼攝取世界中엔 或名不退轉이며 或名離言說이며 或名無相狀이며 或名可欣樂이며 或名堅固며 或名上妙며 或名離癡며 或名滅盡이며 或名遠惡이며 或名出離니라

諸佛子야 所言苦滅道聖諦者를 彼攝取世界中엔 或名離言이며 或名無諍이며 或名敎導며 或名善迴向이며 或名大善巧며 或名差別方便이며 或名如虛空이며 或名寂靜行이며 或名勝智며 或名能了義니라

모든 불자여, 말한 바 고멸성제를 저 섭취세계 가운데서는 혹은 이름이 물러나지 않는 것이며
혹은 이름이 언설을 떠난 것이며
혹은 이름이 모습이 없는 것이며
혹은 이름이 가히 기뻐하고 즐거워하는 것이며
혹은 이름이 견고한 것이며
혹은 이름이 최상으로 묘한 것이며
혹은 이름이 어리석음을 떠난 것이며
혹은 이름이 소멸하여 다한 것이며
혹은 이름이 악을 멀리한 것이며
혹은 이름이 벗어난 것이라 합니다.

모든 불자여, 말한 바 고멸도성제를 저 섭취세계 가운데서는 혹은 이름이 말을 떠난 것이며
혹은 이름이 다툼이 없는 것이며
혹은 이름이 가르쳐 인도하는 것이며
혹은 이름이 잘 회향하는 것이며
혹은 이름이 큰 선교방편이며
혹은 이름이 차별한 방편이며
혹은 이름이 허공과 같은 것이며
혹은 이름이 고요한 행이며
혹은 이름이 수승한 지혜이며
혹은 이름이 능히 아는 뜻이라 합니다.

疏

滅道에 俱名離言者는 滅性離言이요 道令言離故니라

멸제와 도제에 함께 이름을 언설을 떠난 것이라고 한 것은 적멸의 자성은 언설을 떠난 것이요
도는 언설로 하여금 떠나게 하는 까닭이다.

鈔

滅性離言者는 諸法寂滅相은 不可以言宣故니라 道令言離者는 亡心體極하고 離言契滅故니라

적멸의 자성은 언설을 떠난 것이라고 한 것은 모든 법의 적멸한 모습은 가히 언설로써 선설할 수 없는 까닭이다.
도는 언설로 하여금 떠나게 하는 것이라고 한 것은 마음을 잃어 현극玄極을 체달하게 하고 언설을 떠나 적멸에 계합하게 하는 까닭이다.

經

諸佛子야 攝取世界에 說四聖諦가 有如是等四百億十千名하니 隨衆生心하야 悉令調伏케하니라
諸佛子야 此娑婆世界에 所言苦聖諦者를 彼饒益世界中엔 或名重擔이며 或名不堅이며 或名如賊이며 或名老死며 或名愛所成이며 或名流轉이며 或名疲勞며 或名惡相狀이며 或名生長이며 或名利刃이니라

모든 불자여, 섭취세계에서 사성제를 설한 것이 이와 같은 등 사백억 십천 가지의 이름이 있나니
중생의 마음을 따라서 다 하여금 조복케 하기 위한 것입니다.

모든 불자여, 이 사바세계에서 말한 바 고성제를 저 요익세계 가운데서는 혹은 이름이 무거운 짐이며
혹은 이름이 견고하지 못한 것이며
혹은 이름이 도적과 같으며
혹은 이름이 늙어 죽는 것이며
혹은 이름이 사랑으로 이루어진 바이며
혹은 이름이 유전이며
혹은 이름이 피로한 것이며
혹은 이름이 악한 모습이며
혹은 이름이 생장하는 것이며

혹은 이름이 예리한 칼이라 합니다.

疏

六은 東南繞益世界니 苦에 名如賊者는 五盛陰苦가 劫害我故니라

여섯 번째는 동남방의 요익세계이니
고제에 이름을 도적과 같다고 한 것은 오음성고가 나를 겁탈하여[162]
해치는 까닭이다.

162 刧은 겁탈할 겁 자이다.

經

諸佛子야 所言苦集聖諦者를 彼饒益世界中엔 或名敗壞며 或名渾濁이며 或名退失이며 或名無力이며 或名喪失이며 或名乖違며 或名不和合이며 或名所作이며 或名取며 或名意欲이니라

모든 불자여, 말한 바 고집성제를 저 요익세계 가운데서는 혹은 이름이 패하여 무너진 것이며
혹은 이름이 혼탁한 것이며
혹은 이름이 물러나 잃은 것이며
혹은 이름이 능력이 없는 것이며
혹은 이름이 잃은 것이며
혹은 이름이 어기는 것이며
혹은 이름이 화합하지 않는 것이며
혹은 이름이 짓는 바이며
혹은 이름이 취하는 것이며
혹은 이름이 의욕이라 합니다.

疏

集에 名無力者는 於出生死에도 無有力能하고 善法治之에도 不復相拒故니라

집제에 이름을 능력이 없는 것이라고 한 것은 생사를 벗어남에도

능력이 없고 선법으로 다스림에도 다시 서로 막을 능력이 없는 까닭이다.

經

諸佛子야 所言苦滅聖諦者를 彼饒益世界中엔 或名出獄이며 或名眞實이며 或名離難이며 或名覆護며 或名離惡이며 或名隨順이며 或名根本이며 或名捨因이며 或名無爲며 或名無相續이니라

모든 불자여, 말한 바 고멸성제를 저 요익세계 가운데서는 혹은 이름이 지옥에서 벗어난 것이며
혹은 이름이 진실이며
혹은 이름이 어려움을 떠난 것이며
혹은 이름이 덮어 보호하는 것이며
혹은 이름이 악을 떠난 것이며
혹은 이름이 수순하는 것이며
혹은 이름이 근본이며
혹은 이름이 원인을 떠난 것이며
혹은 이름이 작위함이 없는 것이며
혹은 이름이 상속함이 없는 것이라 합니다.

疏

滅에 名捨因者는 無爲無因하야 而體是果니 菩提之道가 望此亦因이요 獨寂滅涅槃이 得稱果果일새 故曰捨因이라하니라

멸제에 이름을 원인을 떠난 것이라고 한 것은 무위無爲는 원인이

없어서 자체가 이 과보이니
보리의 도가 이것을 바라봄에 또한 원인이요,
오직 적멸열반만이 과에 과(果果)라 이름함을 얻기에 그런 까닭으로 말하기를 원인을 떠났다(捨因) 한 것이다.

鈔

無爲無因者는 卽涅槃師子吼品云호대 涅槃無因하야 而體是果니 若涅槃有因인댄 不得名爲般涅槃也라하니 謂涅槃之體가 畢竟無因이 如無我我所故니라 亦如俱舍에 無爲無因果라하니 謂六因無五하고 但有能作일새 故名捨因이라하니라 而體是果는 則離繫果라 菩提之道가 望此亦因者는 要得菩提라야 證涅槃故니라 此菩提는 亦名爲因이니 是果中因故요 滅理涅槃은 亦是因家之果이며 又是菩提果의 家之果故니라

무위는 원인이 없다고 한 것은 곧『열반경』사자후품[163]에 말하기를
열반은 원인이 없어서 그 자체가 이 과보이니
만약 열반이 원인이 있다면 반열반이 된다고 이름함을 얻을 수 없다 하였으니,
말하자면 열반의 자체가 필경에 원인이 없는 것이 마치 아我와 아소我所가 없는 것과 같은 까닭이다.
또한 저『구사론』에 무위는[164] 인과가 없다고 한 것과 같나니,

163『열반경』사자후품은『열반경涅槃經』32권의 사자후보살품이다.

말하자면 육인六因[165]에 오인五因이 없고 다만 능작인能作因만 있기에[166] 그런 까닭으로 이름을 원인을 떠났다(捨因)고 한 것이다.

자체가 이 과보라고 한 것은 곧 번뇌에 매임을 떠난 과(離繫果)[167]이다. 보리의 도가 이것을 바라봄에 또한 원인이라고 한 것은 반드시 보리를 얻어야 열반[168]을 증득하는 까닭이다.
그런 까닭으로 이 보리는 또한 이름이 원인이 되는 것이니 이것은 과보 가운데 원인인 까닭이요,
적멸한 이치의 열반은 이 원인의 집[169]에 과보이며

---

164 저 『구사론』에 무위 운운은 이것은 예를 든 것이니, 그 뜻은 열반의 자체상에 아와 아소가 없다면 곧 이 인법도 아와 아소가 없어서 필경에 없다는 것이다. 이상은 『잡화기』의 말이다.

165 육인六因은, 『구사론俱舍論』은 1. 능작인能作因, 2. 구유인俱有因, 3. 동류인同類因, 4. 상응인相應因, 5. 변행인遍行因, 6. 이숙인異熟因이라 하고, 『능가경楞伽經』은 1. 상유인常有因, 2. 상속인相屬因, 3. 동류인同類因, 4. 작인作因, 5. 요인了因, 6. 상대인相待因이라 하였다.

166 『잡화기』에 육인은 상응인과 구유인과 동류인과 변행인과 이숙인과 능작인이니 능작인은 곧 열반이다. 열반이 능히 큰 뜻을 건립하는 까닭으로 능작인만 있고, 본래 닦을 뜻이 없는 까닭으로 앞에 오인五因이 없지만 다분의 뜻을 좇아 이름을 원인을 떠났다(捨因)고 말하는 것이다. 육인의 해석은 『대명법수』 26권, 12장에 설출되어 있다 하였다.

167 번뇌에 매임을 떠난 과(離繫果)라고 한 것은 오과五果 중 하나이니 오과는 1. 이숙과異熟果, 2. 등류과等流果, 3. 이계과離繫果, 4. 사용과士用果, 5. 증상과增上果이다.

168 보리菩提는 인因이고, 열반涅槃은 과果이다.

또 이 보리과의 집에 과보인 까닭이다.[170]

169 원인의 집이라 한 이 원인은 보리의 원인이다.

170 또 이 보리과의 집에 과보인 까닭이라고 한 것은, 이 위에는 소문 가운데 또한 원인이라고 한 이상을 해석한 것이니 이것은 원인의 집에 과보이고, 여기는 소문 가운데 오직 적멸열반이라 한 이하를 해석한 것이니 이것은 과보의 집에 과보이다. 역시 『잡화기』의 말이다.

經

諸佛子야 所言苦滅道聖諦者를 彼饒益世界中엔 或名達無所有며 或名一切印이며 或名三昧藏이며 或名得光明이며 或名不退法이며 或名能盡有며 或名廣大路며 或名能調伏이며 或名有安隱이며 或名不流轉根이니라

모든 불자여, 말한 바 고멸도성제를 저 요익세계 가운데서는 혹은 이름이 무소유를 요달한 것이며
혹은 이름이 일체 도장이며
혹은 이름이 삼매의 창고이며
혹은 이름이 광명을 얻은 것이며
혹은 이름이 물러나지 않는 법이며
혹은 이름이 능히 유有를 다한 것이며
혹은 이름이 광대한 길이며
혹은 이름이 능히 조복하는 것이며
혹은 이름이 안은함이 있는 것이며
혹은 이름이 유전하지 않는 근본이라 합니다.

疏

道에 名一切印은 無不審決故니 印義後說하리라

도제에 이름을 일체 도장이라고 한 것은 살펴 결정하지 아니할

수 없는 까닭이니

도장의 뜻은 뒤에 설하겠다.[171]

171 원문에 印義後說이란, 율자권律字卷 14장, 上에 설출說出할 것이다. 저기에 五, 四, 三印 등이 있다.

經

諸佛子야 饒益世界에 說四聖諦가 有如是等四百億十千名하니 隨衆生心하야 悉令調伏케하니라
諸佛子야 此娑婆世界에 所言苦聖諦者를 彼鮮少世界中엔 或名險樂欲이며 或名繫縛處며 或名邪行이며 或名隨受이며 或名無慚恥이며 或名貪欲根이며 或名恒河流이며 或名常破壞이며 或名炬火性이며 或名多憂惱이니라

모든 불자여, 요익세계에서 사성제를 설한 것이 이와 같은 등 사백억 십천 가지의 이름이 있나니
중생의 마음을 따라서 다 하여금 조복케 하기 위한 것입니다.

모든 불자여, 이 사바세계에서 말한 바 고성제를 저 선소세계 가운데서는 혹은 이름이 위험한 낙욕이며
혹은 이름이 얽어 매인 곳이며
혹은 이름이 삿된 행이며
혹은 이름이 따라 받는 것이며
혹은 이름이 부끄러움이 없는 것이며
혹은 이름이 탐욕의 근원이며
혹은 이름이 항하의 유수이며
혹은 이름이 항상 파괴하는 것이며
혹은 이름이 횃불의 자성이며

혹은 이름이 근심과 고뇌가 많은 것이라 합니다.

疏

七은 西南鮮少世界니 苦에 名邪行者는 體非正道가 是行性故니라

일곱 번째는 서남방의 선소세계이니
고제에 이름을 삿된 행이라고 한 것은 자체가 정도가 아닌 것이
이 삿된 행의 자성인 까닭이다.

經

諸佛子야 所言苦集聖諦者를 彼鮮少世界中엔 或名廣地며 或名能趣며 或名遠慧며 或名留難이며 或名恐怖며 或名放逸이며 或名攝取며 或名著處며 或名宅主며 或名連縛이니라

모든 불자여, 말한 바 고집성제를 저 선소세계 가운데서는 혹은 이름이 넓은 땅이며
혹은 이름이 능히 나아가는 것이며
혹은 이름이 지혜와는 먼 것이며
혹은 이름이 고난에 머무는 것이며
혹은 이름이 두려운 것이며
혹은 이름이 방일하는 것이며
혹은 이름이 섭수하여 취하는 것이며
혹은 이름이 집착하는 곳이며
혹은 이름이 집의 주인이며
혹은 이름이 연이어 결박하는 것이라 합니다.

疏

集에 名廣地는 生大苦樹故요 宅主는 卽無明也니라

집제에 이름을 넓은 땅이라고 한 것은 큰 고통의 나무를 생장하는 까닭이요

집의 주인이라고[172] 한 것은 곧 무명이다.

172 집의 주인이라고 한 등은 무명이 근본이 되는 것이 집 가운데 주인이 있는 것과 같다고 『잡화기』는 말한다.

經

諸佛子야 所言苦滅聖諦者를 彼鮮少世界中엔 或名充滿이며 或名不死며 或名無我며 或名無自性이며 或名分別盡이며 或名安樂住이며 或名無限量이며 或名斷流轉이며 或名絶行處며 或名不二니라

모든 불자여, 말한 바 고멸성제를 저 선소세계 가운데서는 혹은 이름이 충만이며
혹은 이름이 죽지 않는 것이며
혹은 이름이 무아이며
혹은 이름이 자성이 없는 것이며
혹은 이름이 분별이 다한 것이며
혹은 이름이 안락하게 머무는 것이며
혹은 이름이 한량이 없는 것이며
혹은 이름이 유전을 끊은 것이며
혹은 이름이 행할 곳을 끊은 것이며
혹은 이름이 둘이 없는 것이라 합니다.

疏

滅에 名絶行處者는 心路絶故니라

멸제에 이름을 행할 곳을 끊었다고 한 것은 마음의 길이 끊어진 까닭이다.

經

諸佛子야 所言苦滅道聖諦者를 彼鮮少世界中엔 或名大光明이며 或名演說海며 或名揀擇義며 或名和合法이며 或名離取著이며 或名斷相續이며 或名廣大路며 或名平等因이며 或名淨方便이며 或名最勝見이니라

모든 불자여, 말한 바 고멸도성제를 저 선소세계 가운데서는 혹은 이름이 대광명이며
혹은 이름이 연설의 바다이며
혹은 이름이 간택하는 뜻이며
혹은 이름이 화합하는 법이며
혹은 이름이 취하여 집착함을 떠난 것이며
혹은 이름이 상속함을 끊은 것이며
혹은 이름이 광대한 길이며
혹은 이름이 평등한 원인이며
혹은 이름이 청정한 방편이며
혹은 이름이 가장 수승한 소견이라 합니다.

疏

道에 名廣大路者는 先聖後賢이 游之而不厭故니라

도제에 이름을 광대한 길이라고 한 것은 앞에 성인과 뒤에 현인이 그곳에 노닐지만 싫어하지 않는 까닭이다.

經

諸佛子야 鮮少世界에 說四聖諦가 有如是等四百億十千名하니
隨衆生心하야 悉令調伏케하니라
諸佛子야 此娑婆世界에 所言苦聖諦者를 彼歡喜世界中엔 或名流轉이며 或名出生이며 或名失利며 或名染著이며 或名重擔이며 或名差別이며 或名內險이며 或名集會며 或名惡舍宅이며 或名苦惱性이니라

모든 불자여, 선소세계에서 사성제를 설한 것이 이와 같은 등 사백억 십천 가지의 이름이 있나니
중생의 마음을 따라서 다 하여금 조복케 하기 위한 것입니다.

모든 불자여, 이 사바세계에서 말한 바 고성제를 저 환희세계 가운데서는 혹은 이름이 유전이며
혹은 이름이 출생이며
혹은 이름이 이익을 잃은 것이며
혹은 이름이 염착이며
혹은 이름이 무거운 짐이며
혹은 이름이 차별이며
혹은 이름이 안으로 험난한 것이며
혹은 이름이 모이는 것이며
혹은 이름이 나쁜 집이며

혹은 이름이 고뇌하는 성품이라 합니다.

疏

八은 西北歡喜界니 於中苦諦에 闕一者는 晉譯엔 少出生이요 唐譯엔 少失利라

여덟 번째는 서북방의 환희세계이니
그 가운데 고제에 한 가지 이름이 빠진 것[173]은 진역본에는 출생이 빠져 없고 당역본에는 실리失利가 빠져 없다.

173 원문에 苦諦闕一者는 서북방 세계에는 진역본도 당역본도 각각 하나가 빠졌다. 그 빠진 것을 더하면 진역도 당역도 각각 十名이 된다. 그 빠진 것은 출생出生과 실리失利이다. 여기는 보충되어 있다.

經

諸佛子야 所言苦集聖諦者를 彼歡喜世界中엔 或名地이며 或名方便이며 或名非時며 或名非實法이며 或名無底며 或名攝取며 或名離戒며 或名煩惱法이며 或名狹劣見이며 或名垢聚니라

모든 불자여, 말한 바 고집성제를 저 환희세계 가운데서는 혹은 이름이 땅이며
혹은 이름이 방편이며
혹은 이름이 때가 아니며
혹은 이름이 진실한 법이 아니며
혹은 이름이 밑이 없는 것이며
혹은 이름이 섭수하여 취하는 것이며
혹은 이름이 계율을 떠난 것이며
혹은 이름이 번뇌의 법이며
혹은 이름이 좁고 하열한 소견이며
혹은 이름이 때의 뭉치라 합니다.

疏

集에 名無底者는 煩惱深故니 非習道學浮면 沈而不已니라

집제에 이름을 밑이 없는 것이라고 한 것은 번뇌가 깊은 까닭이니 도를 닦고 뜨는 것을 배우지 않는다면 빠지는 것이 그치지 않을

것이다.

鈔

非習道學浮者는 亦涅槃三十二師子吼品에 恒河七人之意니 習道是法이요 學浮是喻라 經中에 因師子吼問호대 若一切衆生으로 乃至闡提히 定有佛性인댄 卽當定得無上菩提어늘 何以로 一切衆生이 不得涅槃이닛가 若有佛性力故인댄 何須修習八正道等이닛가하야 佛便讚歎하고 謂擧此喻니 佛言하사대 善哉善哉라 善男子야 如恒河邊에 有七種人하야 若爲洗浴거나 恐怖賊寇거나 或爲採華코자 則入河中호대 第一人者는 入水則沒하니 何以故요 羸無力故며 不習浮故니라 第二人者는 雖沒還出하며 出已復沒하니 何以故요 身力大故로 則能還出이나 不習浮故로 出已還沒하니라 第三人者는 沒已卽出하며 出便不沒하니 何以故요 身重故沒나 力大故出하며 又習浮故로 出已卽住하니라 第四人者는 入已便沒하며 沒已還出하며 出已卽住하야 遍觀四方하니 何以故요 重故則沒이나 力大故還出하며 習浮卽住나 不知出處일새 故觀四方하니라 第五人者는 入已卽沒하며 沒已還出하며 出已卽住하며 住已觀方하며 觀方已卽去하니 何以故요 爲怖畏故니라 第六人者는 入已卽去하야 淺處卽住하니 何以故요 觀賊遠近故니라 第七人者는 旣至彼岸하야 登上大山하야 無復恐怖하며 離諸怨賊하야 受大快樂하니라 善男子야 生死大河도 亦復如是하야 有七種人하야 畏煩惱賊일새 故發意欲度하니라

도를 닦고 뜨는 것[174]을 배우지 않는다고 한 것은 또한[175]『열반경』 삼십이권 사자후품師子吼品에 항하 강변의 일곱 사람(七人)에 대한 뜻이니,

도를 닦는다고 한 것은 이 법이요

뜨는 것을 배운다고 한 것은 이 비유이다.

『열반경』 가운데 사자후 보살이 묻기를 만약 일체중생으로 이에 천제闡提에 이르기까지 결정코 불성이 있다고 한다면 곧 마땅히 결정코 무상보리를 얻어야 할 것이어늘 무슨 까닭으로 일체중생이 열반을 얻지 못합니까.

만약 불성의 힘이 있는 까닭이라면 어찌하여 반드시 팔정도 등을 닦아 익혀야 합니까 함을 인하여 부처님이 문득 찬탄하시고 이 비유[176]를 들어 말한 것이니

부처님이 말씀하시기를 착하고 착하다. 선남자야, 항하 강변에 일곱 종류의 사람이 있어서 혹 목욕을 하거나 혹 도적과 원수를 두려워하거나 혹 꽃을 꺾기 위하여 곧 항하 강 가운데 들어가되 첫 번째 사람은 물에 들어감에 곧 빠지나니

무슨 까닭인가.

파리하여 힘이 없는 까닭이며

뜨는 법을 익히지 아니한 까닭이다.

---

174 學 자 아래에 浮 자가 있어야 한다고 『잡화기』는 말한다. 소문에는 있다.

175 또한이란, 영인본 화엄 4책, p.459에서 칠종중생七種衆生을 인용하였기에 또한이라 한 것이다. 다만 영인본 화엄 4책, p.459에서는 36권 가섭품이다.

176 이 비유란, 항하 강변의 칠종인七種人의 비유이다.

제 두 번째 사람은 비록 빠졌으나 도리어 나오며
나온 뒤에 다시 빠지나니
무슨 까닭인가.
몸과 힘이 큰 까닭으로 곧 능히 도리어 나왔으나 뜨는 법을 익히지 아니한 까닭으로 나온 뒤에 도리어 빠지는 것이다.
제 세 번째 사람은 빠진 뒤에 곧 나오며
나온 뒤에 다시는 빠지지 않나니
무슨 까닭인가.
몸이 무거운 까닭으로 빠졌으나 힘이 큰 까닭으로 나오며
또 뜨는 법을 익힌 까닭으로 나온 뒤에 곧 머무는 것이다.
제 네 번째 사람은 들어간 뒤에 문득 빠지며
빠진 뒤에 도리어 나오며
나온 뒤에 곧 머물러 사방을 두루 관찰하나니
무슨 까닭인가.
무거운 까닭으로 곧 빠졌으나 힘이 큰 까닭으로 도리어 나오며
뜨는 법을 익혀 곧 머물지만 나오는 곳을 알지 못하기에 그런 까닭으로 사방을 관찰하는 것이다.
제 다섯 번째 사람은 들어간 뒤에 곧 빠지며
빠진 뒤에 도리어 나오며
나온 뒤에 곧 머물며
머문 뒤에 사방을 관찰하며
사방을 관찰한 뒤에 곧 가나니
무슨 까닭인가.

두려운 까닭이다.
제 여섯 번째 사람은 들어간 뒤에 곧 나가 얕은 곳에 곧 머무나니 무슨 까닭인가.
도적이 멀리 있고 가까이 있음을 관찰하는 까닭이다.
제 일곱 번째 사람은 이미 저 언덕에 이르러 위로 큰 산에 올라 다시 두려움이 없으며
모든 원수와 도적을 떠나 큰 쾌락을 받는다.
선남자야, 생사의 큰 강도 또한 다시 이와 같아서 일곱 종류의 사람이 있어서 번뇌의 도적이 두려워하기에 그런 까닭으로 뜻을 일으켜 제도하고자 하는 것이다.

此下는 則義引經文하리라 第一者는 謂出家披衣나 隨逐惡友하야 聽受邪法하고 撥無因果하나니 卽一闡提가 沒生死河하야 不能得出하니라 第二人者는 欲度生死나 斷善根故沒하며 親近善友하야 得信心故出하며 又遇惡友하야 復斷善根일새 故復沒也니라 第三人者는 斷善根故沒하며 親近善友하야 得信心故出하며 信如來常住하야 修習淨戒하고 讀誦書寫十二部經하며 堅住施惠일새 故名不沒이니 修戒施惠가 卽是習浮니라 第四人者는 沒出與住가 皆同第三하고 但合觀方云호대 觀四方者는 四沙門果니라 第五人者는 餘義同前하고 但卽去者는 心無退轉이 是住요 無退轉已에 卽便前進이니 前進者는 謂辟支佛이니라 第六人者는 前喩之中에 但云호대 入已卽去라하얏거니와 及至合中하야는 亦同第五하야 皆有沒出住去하니 去至淺處니라 第七人者는 發意欲度生死大河나 斷善根故로 於中沈沒하며 親近善

友하야 獲得信心하며 得信心已에 是名爲出하며 以信心故로 讀誦書寫解說十二部經하며 爲衆生故로 廣宣流布하며 樂於惠施하며 修習智慧호대 以利根故로 堅住信惠하야 心無退轉하며 無退轉已에 卽便前進하며 旣前進已에 得到彼岸하야 登大高山하야 離諸恐怖하야 多受安樂이니라 善男子야 彼岸者는 喩於如來요 受安樂者는 喩佛常住요 大高山者는 喩大涅槃이라 善男子야 是恒河邊에 如是諸人이 悉具手足이나 而不能度하나니 一切衆生도 亦復如是하야 實有佛寶와 法寶僧寶하며 如來가 常說諸法要義하나니 謂八聖道와 大般涅槃이거늘 而諸衆生이 悉不能得하나니라 此非我咎며 亦非聖道와 衆生等過요 當知悉是煩惱過惡니라 以是義故로 一切衆生이 不得涅槃이라하니라 釋曰是知하라 衆生이 雖有佛性이나 要須修道하야사 方至彼岸이니라

이 아래는 곧 뜻으로[177] 경문을 인용하겠다.
첫 번째 사람은 말하자면 출가하여 법의를 입었지만 악우惡友를 따라다니면서 삿된 법을 듣고 인과를 발무하나니
곧 일천제一闡提가 생사의 강에 빠져[178] 능히 나옴을 얻지 못하는 것이다.
제 두 번째 사람은 생사를 건너고자 하지만 선근을 끊은 까닭으로

177 이 아래는 곧 뜻으로 운운한 것은, 이상은 비유比喩요, 여기는 법합法合이다.
178 생사의 강에 빠진다고 한 등은, 『잡화기』에 이 가운데 여섯 종류의 사람이 다 선근을 끊은 까닭으로 생사의 강에 빠지고 다 선우를 친근한 까닭으로 생사의 강에서 빠져나온다 하였다.

빠지며

선우善友를 친히 가까이 하여 신심을 얻은 까닭으로 나오며

또 악우를 만나[179] 다시 선근을 끊었기에 그런 까닭으로 다시 빠지는 것이다.

제 세 번째 사람은 선근을 끊은 까닭으로 빠지며

선우를 친히 가까이하여 신심을 얻은 까닭으로 나오며

여래가 상주하심을 믿어[180] 청정한 계를 닦아 익히고 십이부 경전을 독송하고 서사하며

은혜를 베풂에 굳게 머물기에 그런 까닭으로 이름을 빠지지 않는다 하나니

계를 닦고 은혜를 베푸는 것이 곧 뜨는 법을 익히는 것이다.

제 네 번째 사람은 빠지고 나오고 더불어 머무는 것은 다 세 번째와 같고 다만 사방을 관찰하는 것만 법합法合하여 말하기를 사방을 관찰한다고 한 것은 네 사문沙門[181]의 과보이다 하였다.

제 다섯 번째 사람은 나머지 뜻은 앞의 네 번째와 같고 다만 곧

---

179 또 악우를 만난다고 한 것은, 『잡화기』에 근기가 둔한 까닭으로 또 악우를 만난다고 하였다.

180 여래가 상주하심을 믿는다고 한 등은, 『잡화기』에 신심을 얻은 까닭으로 청정한 계를 닦아 익히는 등이요, 근기가 영리한 까닭으로 은혜를 베풂에 굳게 머무는 것이다. 신심을 얻는다 운운한 것과 근기가 영리하다 운운한 것은 아래 네 종류의 사람이 다 여기에 머문다고 한 것과 같다 하였다. 여기가 제 세 번째 사람이니 아래 4, 5, 6, 7의 사람을 말한다.

181 네 사문(四沙門)은 승도勝道, 시도示道, 명도命道, 오도사문汚道沙門이다. 그러나 여기서는 소승小乘의 사과四果이다.

나간다고[182] 한 것은 마음에 퇴전함이 없는 것이 머무는 것이요,
퇴전함이 없는 뒤에 곧 문득 앞으로 나아가나니,
앞으로 나아간다고 한 것은 벽지불을 말하는 것이다.
제 여섯 번째 사람은 앞의 비유 가운데는 다만 말하기를 들어간 뒤에 곧 나간다 하였거니와 법합 가운데 이르러서는 또한 제 다섯 번째와 같아서 다 빠지고 나오고 머물고 나가는 것이 있나니,
얕은 곳에 가서 이르는 것[183]이다.
제 일곱 번째 사람은 뜻을 일으켜 생사의 큰 강을 건너고자 하지만 선근을 끊은 까닭으로 그 가운데 침몰하며,
선우를 친히 가까이 하여 신심을 획득하며,
신심을 획득한 뒤에 이 이름을 나온다(出) 하며,
신심을 쓴 까닭으로 십이부 경전을 독송하고 서사하고 해설하며,
중생을 위한 까닭으로 널리 선설하고 유포하며,
은혜를 베풀기를 좋아하며,

182 곧 나간다고 한 것은 비록 능히 스스로는 제도하였으나 아직 중생을 제도함에는 미치지 못하는 까닭이라고 『잡화기』는 말한다. 언어 뒤에 뜻이 있으니 꼭꼭 씹어야 알 수 있으니 심찰할 것이다. 그러나 『유망기』는 좀 더 구체적으로 말하고 있다. 즉 연각은 다만 자리만 하고 중생을 제도하고자 하지 않는 까닭으로 다만 나아가지만 그러나 얕은 곳에 머물지는 않는 것이다. 그러나 제 여섯 번째 사람은 보살인 까닭으로 모든 중생을 제도하고자 하는 까닭으로 얕은 곳에 머물고 나아가지 않는 것이다 하였다.

183 얕은 곳에 가서 이른다고 한 것은, 『잡화기』에 말하지면 모든 중생을 제도하고자 하는 까닭으로 번뇌에 머무는 것이다. 이상은 다 본경(『열반경』)을 기준하여 뜻으로 기록한 바이다.

지혜를 닦아 익히되 영리한 근기인 까닭으로 신심과 은혜를 베풂에 굳게 머물러 마음에 퇴전함이 없으며,
퇴전함이 없는 뒤에 곧 문득 앞으로 나아가며,
이미 앞으로 나아간 뒤에 저 언덕에 이름을 얻어 크고 높은 산에 올라 모든 두려움을 떠나 수많은 안락을 받는 것이다.

선남자야, 저 언덕[184]이라고 한 것은 여래에 비유한 것이요,
안락을 받는다고 한 것은 부처님이 계심에 비유한 것이요,
크고 높은 산이라고 한 것은 대열반에 비유한 것이다.
선남자야, 이 항하 강변에 이와 같은 모든 사람들이 다 손과 발을 갖추었지만 능히 건너지 못하나니, 일체중생도 또한 다시 이와 같아서 진실로 불보와 법보와 승보가 있으며 여래가 항상 모든 법의 요의를 설하나니,
말하자면 팔성도와 대열반이거늘 모든 중생이 다 능히 얻지 못하는 것이다.
이것은 나의 허물도 아니며 또한 팔성도와 중생 등의 허물도 아니고[185] 마땅히 다 이것은 번뇌의 허물인 줄 알아야 할 것이다.
이런 뜻인 까닭으로 일체중생이 열반을 얻지 못한다 하였으니,

---

184 원문에 피안산彼岸山의 山 자는 연자衍字이다.

185 또한 팔성도와 중생 등의 허물이 아니라고 한 것은, 일체중생이 다 불성이 있는 까닭으로 중생의 허물이 아니고 번뇌의 허물이라는 것이다. 『잡화기』는 다만 다 불성이 있는 까닭이라고만 하였으니 그 뜻이 밝게 나타나지는 않는다 하겠다.

해석하여 말하면 이에 알아라.

중생이 비록 불성이 있지만 요는 반드시 도를 닦아야 바야흐로 저 언덕에 이른다는 것이다.

經

諸佛子야 所言苦滅聖諦者를 彼歡喜世界中엔 或名破依止며 或名不放逸이며 或名眞實이며 或名平等이며 或名善淨이며 或名無病이며 或名無曲이며 或名無相이며 或名自在며 或名無生이니라

모든 불자여, 말한 바 고멸성제를 저 환희세계 가운데서는 혹은 이름이 의지가 무너진 것이며
혹은 이름이 방일하지 않는 것이며
혹은 이름이 진실이며
혹은 이름이 평등이며
혹은 이름이 선하고 청정한 것이며
혹은 이름이 병이 없는 것이며
혹은 이름이 굴곡이 없는 것이며
혹은 이름이 모습이 없는 것이며
혹은 이름이 자재며
혹은 이름이 난 적이 없는 것이라 합니다.

疏

滅에 名破依止는 身與煩惱가 互爲依止하야 展轉無窮이니 唯證滅理라사 方能永破니라

멸제에 이름을 의지가 무너진 것이라고 한 것은 몸과 더불어 번뇌가 서로 의지하여 전전하는 것이 다함이 없나니,
오직 적멸의 진리를 증득하여야 바야흐로 능히 영원히 무너지는 것이다.

鈔

身與煩惱下는 卽涅槃四十에 納衣梵志가 問言호대 如瞿曇說하야 無量世中에 作善不善하야 未來還得善不善身이라호미 是義不然이니다 何以故요 如瞿曇說하야 因煩惱故로 獲得是身이니다 若因煩惱하야 獲得身者인댄 身爲在先이닛가 煩惱在先이닛가 若煩惱在先인댄 誰之所作이며 住在何處닛가 若身在先인댄 云何說言호대 因煩惱得이닛가 是故若言호대 煩惱在先이라도 是則不可요 若身在先이라도 是亦不可요 若言一時라도 是亦不可니다 先後一時가 義俱不可일새 是故我說호대 一切諸法이 皆有自性하야 不從因緣이라하나이다 下經答云호대 善男子야 汝言호대 身爲在先煩惱在先者는 是義不然이니라 何以故요 若我當說호대 身在先者인댄 汝可難言이려니와 汝亦同我하야 身不在先이라하얏거니 何因緣故로 而作是難고 善男子야 一切衆生의 身及煩惱가 俱無先後하야 一時而有니라 雖一時而有나 要因煩惱하야 而得有身하고 終不因身하야 有煩惱也라하니 釋曰上有三關하니 先後一時라 佛捨前後하고 而用一時나 恐難一時하야 故自遮云호대 汝意若謂호대 如人二眼을 一時而得하고 不相因待하야 左不因右하고 右不因左하나니 煩惱及身도 亦如是者인댄 是義不然이니라

何以故요 世間眼見인댄 炷之與明이 雖復一時나 明要因炷하고 終不因明하야 而有炷也니라하니 釋曰此佛一答에 一時因緣에 二義並成이라 故今疏云호대 身與煩惱가 互爲依止라하니 互爲依止之言은 卽俱時義언정 非謂因身하야 有煩惱也니라 謂因煩惱하야 而得有身하고 能生煩惱가 復依身住하니 亦不應難 未有身時엔 煩惱依何리요할새 故云互依라하니 二互因依하야 展轉無際리라 若證滅理인댄 因惑不生이요 惑旣不生인댄 身從何得이리요 非唯身滅이라 證於不生하야 展轉之見도 亦皆寂滅이니라

몸과 더불어 번뇌라고 한 아래는 곧『열반경』사십권에 납의納依 범지가 물어 말하기를 구담(부처님)께서 설하신 바와 같아서 한량없는 세계 가운데서 선과 불선을 지어 미래에 도리어 선과 불선의 몸을 얻는다 하신 것이 이 뜻이 그렇지 않습니다.
무슨 까닭인가 하면, 구담께서 설하신 바와 같아서 번뇌를 인한 까닭으로 이 몸을 얻는다고 하였기 때문입니다.
만약 번뇌를 인하여 이 몸을 얻는다고 하였다면 몸이 먼저 있는 것입니까, 번뇌가 먼저 있는 것입니까.
만약 번뇌가 먼저 있다고 한다면 누구의 소작이며 어느 곳에 머물러 있는 것입니까.
만약 몸이 먼저 있다고 한다면 어떻게 말하기를 번뇌를 인하여 있다고 함을 얻겠습니까.
이런 까닭으로 만약 말하기를 번뇌가 먼저 있다고 할지라도 이에 곧 옳지 않고,

만약 몸이 먼저 있다고 할지라도 이에 또한 옳지 않고,
만약 말하기를 일시라 할지라도 이에 또한 옳지 않습니다.
앞과 뒤와 일시가 뜻이 함께 옳지 않기에 이런 까닭으로 저가 말하기를 일체 모든 법이 다 자성이 있어서 인연으로 좇아 나지 않는다 하였나이다.
하경下經[186]에 답하여 말씀하시기를 선남자야, 그대가 말하기를 몸이 먼저 있는 것입니까, 번뇌가 먼저 있는 것입니까 한 것은 이 뜻이 그렇지가 않는 것이다.
무슨 까닭인가.
만약 내가 마땅히 말하기를 몸이 먼저 있다고 하였다면 그대가 비난하는 말이 옳거니와 그대 또한 나의 뜻과 같아서[187] 몸이 먼저 있지 않다고 하였거니 무슨 인연인 까닭으로 이런 비난을 하는가.
선남자야, 일체중생의 몸과 그리고 번뇌가 함께 앞과 뒤가 없어서 일시에 있는 것이다.
비록 일시에 있지만 반드시 번뇌를 인하여 몸이 있음을 얻고 마침내 몸을 인하여 번뇌가 있지는 않는 것이다 하였으니,
해석하여 말하면 이상에 세 가지 관계가 있나니 먼저와 뒤와 일시

186 하경下經이란, 『열반경』이 다음 부분을 말한다.

187 그대 또한 나의 뜻과 같다고 한 등은, 말하자면 나도 몸이 먼저 있다고 말하지 않고 그대도 또한 몸이 먼저 있다고 말하지 않았다면 그대는 반드시 나를 비난하지 않을 것이다.
또 응당 그대도 또한 나와 같아서 번뇌가 먼저 있지 않고 몸이 먼저 있지 않다고 운운한 것이 있나니 지금에는 생략한다. 이상은 『잡화기』의 말이다.

이다.

부처님은 앞과 뒤를 버리시고 일시를 사용하였지만 일시도 비난할까 염려하여, 그런 까닭으로 스스로 막아 말씀하시기를 그대 뜻에 만약 이르기를 어떤 사람이 두 눈을 일시에 얻고 서로 기다림을 인하지 않아서 왼쪽 눈은 오른쪽 눈을 인하지 않고 오른쪽 눈은 왼쪽 눈을 인하지 않는 것과 같나니, 번뇌와 그리고 몸도 또한 이와 같다고 한다면 이 뜻이 그렇지가 않는 것이다.[188]

무슨 까닭인가.

세간을 눈으로 봄에 심지[189]와 더불어 밝음이 비록 다시 일시이지만 밝음은 반드시 심지를 인하고 마침내 밝음을 인하여 심지가 있지는 않는 것이다 하였으니,

해석하여 말하면 이 부처님이 한 번 답함에 일시一時의 인연에 두 가지 뜻[190]을 아울러 성립한 것이다.

그런 까닭으로 지금 소문에 말하기를[191] 몸과 더불어 번뇌가 서로 의지한다 하였으니,

서로 의지한다는 말은 곧 구시俱時의 뜻일지언정 몸을 인하여 번뇌가 있다고 말한 것은 아니다.

---

188 원문에 시의불연是義不然이란, 즉 번뇌와 몸은 동시에 의지한다는 것이다.

189 炷는 심지 주 자이다.

190 두 가지 뜻(二義)이란, 선先과 후後이니 곧 몸과 번뇌이다.

191 그런 까닭으로 지금 소문에 운운한 것은 『열반경』에 번뇌를 인한 까닭으로 이 몸을 얻는다는 말과 지금 소문에 몸과 더불어 번뇌가 서로 의지한다는 말을 결통시키고 있다 할 것이다.

말하자면 번뇌를 인하여 몸이 있음을 얻고 능히 생겨난 번뇌가 다시 몸을 의지하여 머무나니 또한 응당 아직 몸을 얻지 못하였을 때는 번뇌가 무엇을 의지하는가 하고 비난하지 못할 것이다 할 것이기에 그런 까닭으로 말하기를 서로 의지한다 하였으니,

몸과 번뇌가 둘이 서로 의지함[192]을 인하여 전전하는 것이 끝이 없는 것이다.

만약 적멸의 진리를 증득한다면 둘이 서로 의지함을 인한 번뇌(惑)가 생겨나지 않을 것이요

번뇌가 이미 생겨나지 않았다면 몸이 무엇을 좇아 생겨남을 얻겠는가.

오직 몸이 적멸할 뿐만 아니라[193] 난 적이 없음을 증득하여 전전하는 지견도 또한 다 적멸한 것이다.

---

192 원문에 호의互依란, 몸(身)과 번뇌煩惱가 서로 의지하는 것을 말한다.

193 오직 몸이 적멸할 뿐만 아니라고 한 아래는 번뇌가 생겨나지 않았다면 곧 몸도 생겨나지 않는 것이니 오직 몸이 적멸하여 생겨나지 아니할 뿐만 아니라 난 적이 없음을 증득하여 전전하는 지견도 또한 생겨나지 않는다는 것이다. 『잡화기』의 뜻도 이와 같다.

經

諸佛子야 所言苦滅道聖諦者를 彼歡喜世界中엔 或名入勝界며 或名斷集이며 或名超等類며 或名廣大性이며 或名分別盡이며 或名神力道며 或名衆方便이며 或名正念行이며 或名常寂路며 或名攝解脫이니라

모든 불자여, 말한 바 고멸도성제를 저 환희세계 가운데서는 혹은 이름이 수승한 경계에 들어가는 것이며
혹은 이름이 집集을 끊은 것이며
혹은 이름이 비등한 유형을 뛰어난 것이며
혹은 이름이 광대한 성품이며
혹은 이름이 분별이 다한 것이며
혹은 이름이 신통력의 길이며
혹은 이름이 수많은 방편이며
혹은 이름이 바른 생각으로 행하는 것이며
혹은 이름이 영원한 적멸의 길이며
혹은 이름이 섭수하는 해탈인 것이라 합니다.

疏

道에 名廣大性者는 無不在故니라

도제에 이름을 광대한 성품이라고 한 것은 있지 아니함이 없는

까닭이다.

鈔

道에 名廣大性等者는 然이나 道無不在는 亦是莊子니 東郭子가 問莊子曰호대 道何所在고 答曰호대 道在瓦石하니라 曰何下耶오 莊子曰호대 道在屎尿니라 曰何愈下耶오 曰道無不在라하니 彼는 以虛無自然으로 爲道니 無法不是虛無自然일새 故無不在라하얏거니와 今以類取인댄 則眞如寂滅은 無所不在니 道符於滅인댄 何所不在리요

도제에 이름을 광대한 성품이라고 한 등은 그러나 도는 있지 않는 곳이 없다고 한 것은 역시 장자의 뜻이니,
동곽자[194]가 장자에게 물어 말하기를 도가 어느 곳에 있습니까.
답하여 말하기를 도는 와석瓦石[195]에도 있다.
물어 말하기를 어찌 도를 비하하십니까.
장자가 답하여 말하기를 도는 똥에도 오줌에도 있다.
물어 말하기를 어찌 더욱 비하하십니까.
답하여 말하기를 도는 있지 않는 곳이 없다 하였으니,
저 장자는 허무자연으로써 도를 삼나니
법마다 허무자연이 아님이 없기에 그런 까닭으로 있지 않는 곳이 없다고 하였거니와,

---

194 상대재의商大宰懿는 동곽자東郭子의 잘못이다.

195 와석瓦石은 『장자莊子』에는 와력瓦礫이다.

지금에 비류하여 취한다면 곧 진여 적멸은 있지 않는 곳이 없나니 도가 적멸에 부합하면 어느 곳인들 있지 않겠는가 할 것이다.

經

諸佛子야 歡喜世界에 說四聖諦가 有如是等四百億十千名하니 隨衆生心하야 悉令調伏케하니라

諸佛子야 此娑婆世界에 所言苦聖諦를 者彼關鑰世界中엔 或名敗壞相이며 或名如坏器며 或名我所成이며 或名諸趣身이며 或名數流轉이며 或名衆惡門이며 或名性苦며 或名可棄捨며 或名無味며 或名來去니라

모든 불자여, 환희세계에서 사제를 설한 것이 이와 같은 등 사백억 십천 가지의 이름이 있나니
중생의 마음을 따라서 다 하여금 조복케 하기 위한 것입니다.

모든 불자여, 이 사바세계에서 말한 바 고성제를 저 관약세계 가운데서는 혹은 이름이 패하여 무너진 모습이며
혹은 이름이 잔과 같은 그릇[196]이며
혹은 이름이 내가 이룬 바이며
혹은 이름이 육취의 몸이며
혹은 이름이 자주 유전하는 것이며
혹은 이름이 수많은 악한 문이며
혹은 이름이 성품이 괴로운 것이며

196 잔과 같은 그릇이라고 한 것은 화합의 뜻을 취한 것이니, 색色과 심心이 이것이 화합의 법인 까닭이다. 역시 『잡화기』의 말이다.

혹은 이름이 가히 버릴 것이며
혹은 이름이 맛이 없는 것이며
혹은 이름이 오고 가는 것이라 합니다.

疏

九는 下方關鑰世界니 苦에 名我所成者는 我見有故니라

아홉 번째는 하방의 관약세계이니
고제에 이름을 내가 이룬 바라고 한 것은 아견我見으로 괴로움이 있는[197] 까닭이다.

197 아견으로 괴로움이 있다고 한 것은, 『잡화기』에 아견을 인하여 괴로움이 있는 까닭이다 하였다.

經

諸佛子야 所言苦集聖諦者를 彼關鑰世界中엔 或名行이며 或名憤毒이며 或名和合이며 或名受支며 或名我心이며 或名雜毒이며 或名虛稱이며 或名乖違며 或名熱惱며 或名驚駭니라

모든 불자여, 말한 바 고집성제를 저 관약세계 가운데서는 혹은 이름이 행이며
혹은 이름이 분노의 독이며
혹은 이름이 화합이며
혹은 이름이 감수하는 인연(支)이며
혹은 이름이 나의 마음이며
혹은 이름이 잡염의 독이며
혹은 이름이 허망한 명칭이며
혹은 이름이 어기는 것이며
혹은 이름이 심한 고뇌이며
혹은 이름이 놀라는[198] 것이라 합니다.

疏

集에 名我心은 卽我見愛라

---

198 駭는 놀랄 해 자이다.

집제에 이름을 나의 마음이라고 한 것은 곧 아견으로 사랑하는 마음이다.

經

諸佛子야 所言苦滅聖諦者를 彼關鑰世界中엔 或名無積集이며 或名不可得이며 或名妙藥이며 或名不可壞며 或名無著이며 或名無量이며 或名廣大며 或名覺分이며 或名離染이며 或名無障礙니라

모든 불자여, 말한 바 고멸성제를 저 관약세계 가운데서는 혹은 이름이 쌓아 모으는 것이 없는 것이며
혹은 이름이 가히 얻을 수 없는 것이며
혹은 이름이 묘한 약이며
혹은 이름이 가히 무너뜨릴 수 없는 것이며
혹은 이름이 집착이 없는 것이며
혹은 이름이 한량이 없는 것이며
혹은 이름이 광대한 것이며
혹은 이름이 깨달음의 분위이며
혹은 이름이 잡염을 떠난 것이며
혹은 이름이 장애가 없는 것이라 합니다.

疏

滅에 名覺分者는 所覺處故니라

멸제에 이름을 깨달음의 분위라고 한 것은 깨달을 바 처소인 까닭이다.

經

諸佛子야 所言苦滅道聖諦者를 彼關鑰世界中엔 或名安隱行이며 或名離欲이며 或名究竟實이며 或名入義며 或名性究竟이며 或名淨現이며 或名攝念이며 或名趣解脫이며 或名救濟며 或名勝行이니라

모든 불자여, 말한 바 고멸도성제를 저 관약세계 가운데서는 혹은 이름이 안은한 행이며
혹은 이름이 욕망을 떠난 것이며
혹은 이름이 구경의 진실이며
혹은 이름이 일의一義에 들어가는 것이며
혹은 이름이 성품이 구경이며
혹은 이름이 맑게 나타나는 것이며
혹은 이름이 생각을 섭수하는 것이며
혹은 이름이 해탈에 나아가는 것이며
혹은 이름이 구제하는 것이며
혹은 이름이 수승한 행이라 합니다.

疏

道에 名入義者는 能入滅諦第一義故니라

도제에 이름을 일의에 들어간다고 한 것은 능히 멸제의 제일의제에 들어가는 까닭이다.

經

諸佛子야 關鑰世界에 說四聖諦가 有如是等四百億十千名하니
隨衆生心하야 悉令調伏케하니라
諸佛子야 此娑婆世界에 所言苦聖諦者를 彼振音世界中엔 或名匿疵며 或名世間이며 或名所依며 或名傲慢이며 或名染著性이며 或名駛流며 或名不可樂이며 或名覆藏이며 或名速滅이며 或名難調니라

모든 불자여, 관약세계에서 사성제를 설한 것이 이와 같은 등 사백억 십천 가지의 이름이 있나니
중생의 마음을 따라서 다 하여금 조복케 하기 위한 것입니다.

모든 불자여, 이 사바세계에서 말한 바 고성제를 저 진음세계 가운데서는 혹은 이름이 숨어 있는 흉터[199]이며
혹은 이름이 세간이며
혹은 이름이 의지할 곳이며
혹은 이름이 오만한 것이며
혹은 이름이 물들어 집착케 하는 성품이며
혹은 이름이 빨리[200] 흐르는 것이며
혹은 이름이 가히 즐거워할 수 없는 것이며

---

199 匿은 숨을 닉 자이다. 疵는 흉 자 자이다.
200 駛는 빠를 사 자이다.

혹은 이름이 덮어 갈무리하는 것이며
혹은 이름이 빨리 소멸하는 것이며
혹은 이름이 조복하기 어려운 것이라 합니다.

疏

十은 上方振音世界니 苦에 名匿疵는 身爲惑病의 所藏處故니라 傲慢者는 慢은 以生苦爲業이니 果取因名이라 染著性者는 性令染故니 如樂受가 壞苦어늘 誰謂苦耶아 駛流者는 刹那性故니 卽行苦也니라 不可樂者는 苦苦也니라 覆藏者는 藏苦因故니 樂藏壞苦故요 不苦不樂은 藏行苦故니라 速滅者는 流轉苦也니라 難調者는 誰不欲捨리요만은 莫之能出이니 不憚疲苦라사 方能調之니라

열 번째는 상방의 진음세계이니
고제에 이름을 숨은 흉터라고 한 것은 몸이 번뇌병을 소장한 곳이 되는 까닭이다.
오만한 것이라고 한 것은 오만은 생고生苦로써 업을 삼는 것이니 과보로 원인의 이름을 취한 것이다.
물들어 집착케 하는 성품이라고 한 것은 고의 성품이 사람으로 하여금 물들게 하는[201] 까닭이니

201 고의 성품이 사람으로 하여금 물들게 한다고 한 등은, 『잡화기』에 말하자면 고의 성품이 능히 물들이게 하는 것이니 이 고는 낙수를 가리키는 것이다. 이 낙수가 괴고이거늘 이 고를 알지 못하고 염착심을 내는 것이 말한 바

저 낙수樂受가[202] 괴고壞苦어늘 누가 고수苦受라 말하겠는가.
빨리 흐르는 것이라고 한 것은 찰나의 성품인 까닭이니 곧 행고行苦이다.
가히 즐거워 할 수 없는 것이라고 한 것은 고의 고(苦苦)이다.
덮어 갈무리하는 것이라고 한 것은 고의 원인을 갈무리하는[203] 까닭이니
낙수樂受는 괴고壞苦를 갈무리하는 까닭이요
불고불락수不苦不樂受는 행고行苦를 갈무리하는 까닭이다.
빨리 소멸한다고 한 것은 유전고流轉苦이다.
조복하기 어려운 것이라고 한 것은 누가 괴로움을 버리고자 아니하리요만은 능히 벗어날 수 없나니
피곤하고 괴로움을 꺼리지 아니하여야 바야흐로 능히 조복할 것이다.

사람으로 하여금 물들게 하는 것이다 하였다.

202 원문에 여낙수如樂受라고 한 아래는, 낙수樂受는 삼수三受의 하나로, 삼수는 고수苦受, 낙수樂受, 사수捨受(不苦不樂受)이다. 苦受卽樂受이고 樂受卽壞苦이니 즉 괴로움을 받는 것이 곧 즐거움을 받는 것이고, 즐거움을 받는 것(樂受)이 곧 무너지는 고통(壞苦)이거늘 누가 고통을 받는다(苦受) 말하겠는가.

203 고의 원인을 갈무리한다고 한 등은 그 고를 갈무리하는 원인이니, 낙수와 불고불락수는 이것은 능히 갈무리하는 것(能藏)이고, 괴고와 행고는 이것은 갈무리할 바(所藏)이다. 역시 『잡화기』의 말이다.

經

諸佛子야 所言苦集聖諦者를 彼振音世界中엔 或名須制伏이며 或名心趣며 或名能縛이며 或名隨念起며 或名至後邊이며 或名共和合이며 或名分別이며 或名門이며 或名動이며 或名隱覆니라

모든 불자여, 말한 바 고집성제를 저 진음세계 가운데서는 혹은 이름이 반드시 제복하는 것이며
혹은 이름이 마음이 나아가는 곳이며
혹은 이름이 능히 얽어매는 것이며
혹은 이름이 생각을 따라 일어나는 것이며
혹은 이름이 후변後邊에 이르는 것이며
혹은 이름이 함께 화합하는 것이며
혹은 이름이 분별이며
혹은 이름이 문門이며
혹은 이름이 움직이는 것이며
혹은 이름이 숨겨 덮는 것이라 합니다.

疏

集에 名至後邊者는 不斷無窮故니라 門者는 入苦趣故니라

집제에 이름을 후변에 이르는 것이라고 한 것은 끊어지지 않고 끝이 없는[204] 까닭이다.

문門이라고 한 것은 고취苦趣에 들어가는 문인 까닭이다.

---

204 끊어지지 않고 끝이 없다고 한 것은, 소본에 과보를 초래하는 것이 끊어지지 않고 고통을 받는 것이 끝이 없는 것이라고 하였다. 역시 『잡화기』의 말이다.

經

諸佛子야 所言苦滅聖諦者를 彼振音世界中엔 或名無依處며 或名不可取며 或名轉還이며 或名離諍이며 或名小며 或名大며 或名善淨이며 或名無盡이며 或名廣博이며 或名無等價니라

모든 불자여, 말한 바 고멸성제를 저 진음세계 가운데서는 혹은 이름이 의지할 곳이 없는 것이며
혹은 이름이 가히 취할 수 없는 것이며
혹은 이름이 전전히 도는 것이며
혹은 이름이 다툼을 떠난 것이며
혹은 이름이 작은 것이며
혹은 이름이 큰 것이며
혹은 이름이 선하고 청정한 것이며
혹은 이름이 끝이 없는 것이며
혹은 이름이 넓은 것이며
혹은 이름이 비등할 수 없는 값이라 합니다.

疏

滅에 名不可取는 取則不滅也니라 小之則無內니 不容一物也요 大之則無外니 法界性也니라

멸제에 이름을 가히 취할 수 없는 것이라고 한 것은 취할 수 있다면

멸제가 아니다.

그것을 작게[205] 하면 곧 안(內)이 없나니 한 물건도 용납하지 않는 것이요,

그것을 크게[206] 하면 밖이 없나니 법계의 자체성인 것이다.

---

205 그것을 작게 운운한 것은 경문에 혹은 이름이 작은 것이라 한 것이다.

206 그것을 크게 운운한 것은 경문에 혹은 이름이 큰 것이라 한 것이다.

經

諸佛子야 所言苦滅道聖諦者를 彼振音世界中엔 或名觀察이며 或名能摧敵이며 或名了知印이며 或名能入性이며 或名難敵對며 或名無限義며 或名能入智며 或名和合道며 或名恒不動이며 或名殊勝義니라

모든 불자여, 말한 바 고멸도성제를 저 진음세계 가운데서는 혹은 이름이 관찰이며
혹은 이름이 능히 적을 꺾는 것이며
혹은 이름이 요달하여 아는 도장이며
혹은 이름이 능히 들어가는 자성이며
혹은 이름이 대적하기 어려운 것이며
혹은 이름이 무한의 뜻이며
혹은 이름이 능히 들어가는 지혜이며
혹은 이름이 화합하는 길이며
혹은 이름이 항상 움직이지 않는 것이며
혹은 이름이 수승한 뜻이라 합니다.

疏

道에 名難敵對者는 有惑必破나 不爲惑破故니 猶明能滅闇일새 故無闇而不滅이나 闇不滅明거니 何能相敵이리요

도제에 이름을 대적하기 어려운 것이라고 한 것은 번뇌가 있으면 반드시 무너뜨리지만 번뇌에 무너짐이 되지 않는 까닭이니, 비유하자면 밝음은 능히 어둠을 소멸하기에 그런 까닭으로 어둠마다 소멸하지 아니함이 없지만, 어둠은 밝음을 소멸할 수 없거니 어찌 능히 서로 대적하겠는가.

經

諸佛子야 振音世界에 說四聖諦가 有如是等四百億十千名하니 隨衆生心하야 悉令調伏케하니라

諸佛子야 如此娑婆世界中에 說四聖諦가 有四百億十千名인달하야 如是東方百千億無數無量하고 無邊無等하고 不可數하고 不可稱하고 不可思하고 不可量하고 不可說하는 盡法界와 虛空界에 所有世界의 彼一一世界中에 說四聖諦도 亦各有四百億十千名하니 隨衆生心하야 悉令調伏케하니라

모든 불자여, 진음세계에서 사성제를 설한 것이 이와 같은 등 사백억 십천 가지의 이름이 있나니
중생의 마음을 따라서 다 하여금 조복케 하기 위한 것입니다.

모든 불자여, 이 사바세계에서 사성제를 설한 것이 사백억 십천 가지의 이름이 있는 것과 같아서 이와 같이 동방의 백천억 수도 없고 양도 없고 끝도 없고 같을 수도 없고 가히 셀 수도 없고 가히 이름할 수도 없고 가히 생각할 수도 없고 가히 헤아릴 수도 없고 가히 말할 수도 없는 모든 법계와 허공계에 있는 바 세계의 저 낱낱 세계 가운데 사성제를 설하는 것도 또한 각각 사백억 십천 가지의 이름이 있나니
중생의 마음을 따라서 다 하여금 조복케 하기 위한 것입니다.

疏

第三에 諸佛子下는 類通一切니 初擧娑婆하야 以類東方이라

제 세 번째 모든 불자라고 한 아래는 비류하여 일체 세계를 통석한 것이니

처음에는 사바세계를 들어 동방에 비류한 것이다.

經

如東方하야 南西北方과 四維上下도 亦復如是하니라

동방과 같아서 남서북방과 사유와 상방과 하방도 또한 다시 이와 같습니다.

疏

後擧東方하야 以類餘九라

뒤에는 동방을 들어 나머지 구방九方에 비류한 것이다.

經

諸佛子야 如娑婆世界에 有如上所說한 十方世界하야

모든 불자여, 이 사바세계에 위에서 설한 바와 같은 시방세계가 있는 것과 같아서

疏

第四에 如娑婆下는 顯主伴無盡이라 文中에 初는 擧此例彼니 謂娑婆爲主요 有密訓等의 盡空世界는 皆爲伴이라

제 네 번째 사바세계에 설한 바와 같다고 한 아래는 주·반의 세계가 끝이 없음을 나타낸 것이다.
문장 가운데 처음에는 이 사바세계를 들어 저 밀훈세계에 비례한 것이니[207]
말하자면 사바세계가 주세계가 되고 밀훈[208] 등 모든 허공세계가 있는 것은 반세계가 되는 것이다.

---

207 이 사바세계를 들어 저 밀훈세계에 비례한 것이라고 한 것은, 이 가운데 초단에는 단지 이 사바세계를 들어 뒤에 저 밀훈의 일체 세계(영인본 화엄 4책, p.497, 2행이니 바로 두 줄 뒤에 있다)를 바라봄이 있기에 저 밀훈세계에 비례한다(例彼) 말한 것이요, 후단(영인본 화엄 4책, p.497, 5행)에는 저 밀훈세계로써 앞에 사바세계를 바라봄이 있기에 이 사바세계에 비류한다 말한 것이다. 이상은 역시 『잡화기』의 말이다.

208 밀훈세계는 영인본 화엄 4책, p.456, 2행에 있다.

經

彼一切世界도 亦各有如是十方世界하야 一一世界中에 說苦聖諦가 有百億萬種名하고 說集聖諦와 滅聖諦와 道聖諦도 亦各有百億萬種名하니 皆隨衆生心之所樂하야 令其調伏케하니라

저 밀훈의 일체 세계에도 또한 각각 이와 같은 시방세계가 있어서 그 낱낱 세계 가운데서 고성제를 설한 것이 백억 만 가지의 이름이 있고 집성제와 멸성제와 도성제를 설한 것도 또한 각각 백억 만 가지의 이름이 있나니
다 중생의 마음에 좋아하는 바를 따라서 그들로 하여금 조복케 하기 위한 것입니다.

疏

後에 彼一切下는 以彼類此니 則知密訓等의 盡空世界爲主하야 攝伴亦爾인댄 則無盡無盡耳니라 此는 猶約娑婆同類世界而說이니 以結數中에 同百億故니라 餘樹形等의 異類世界도 彼一一類가 皆遍空法界니 是則重重으로 無盡無盡하야 非此所說也나 如是皆爲調伏衆生이니라

뒤에 저 밀훈의 일체 세계라고 한 아래는 저 밀훈세계로써 이 사바세계에 비류한 것이니
곧 밀훈 등 모든 허공세계가 주세계가 되어 반세계를 섭수하는

것도 또한 그러하다면 곧 끝이 없고 끝이 없는 것인 줄 알아야
할 것이다.
이것은 사바의 동류세계를 잡아서 설한 것과 같나니
수數를 맺는[209] 가운데 다 백억인 까닭이다.
나머지 수형樹形 등 이류異類 세계도 저 낱낱 유형이 다 허공법계에
두루하나니,
이것은 곧 중중으로 끝이 없고 끝이 없어 여기에서 설할 바가 아니지
만 이와 같이 설하는 것은 다 중생을 조복하기 위한 것이다.

鈔

則知密訓等의 盡空世界爲主하야 攝伴亦然等者는 此有兩重하니 一은 卽釋迦在此가 爲主요 攝密訓等이 爲伴인댄 則在密訓이 爲主요 攝娑婆等이 爲伴도 亦然하나니 方是一佛之諦니라 二는 如此佛諦名이 旣主伴無盡하야 則密訓等에 他佛爲主하는 諦名亦然하니라

곧 밀훈 등 모든 허공세계가 주세계가 되어 반세계를 섭수하는 것도 또한 그러하다면 끝이 없고 끝이 없는 것인 줄 알아야 한다고 한 등은 여기에 양중兩重[210]이 있나니

---

209 수數를 맺는 가운데 수라고 한 것은 사성제四聖諦의 수數이다.
210 양중이라고 한 것은 처음에는 석가모니를 잡아 말한 것이니, 이미 사바세계 가운데 석가모니가 주가 되고 밀훈세계 등의 석가모니가 반이 된다고 하였다면 곧 또한 밀훈세계 가운데 석가모니가 주가 되고 사바세계 등의 석가모니가 반이 되는 것이다.

첫 번째는 곧 석가모니가 이 사바세계에 계시는 것이 주가 되고 밀훈세계 등을 섭수하는 것이 반이 된다면 곧 밀훈세계에 계시는 것이 주가 되고 사바세계 등을 섭수하는 것이 반이 되는 것도 또한 그러하나니

바야흐로 이것은 석가모니 한 부처님의 사성제이다.

두 번째는 이 석가모니 부처님의 사성제 이름이 이미 주반으로 끝이 없는 것과 같아서 곧 밀훈세계 등에 다른 부처님이 주가 되는 사성제의 이름도 또한 그러한 것이다.

뒤에는 다른 부처님을 잡아 말한 것이니, 이미 석가모니를 잡은 것이 주와 반이 끝이 없다면 곧 또한 다른 부처님을 잡아서도 주와 반이 끝이 없음이 있는 것이다. 이 위를 비례하면 가히 알 수가 있을 것이다.

청량 징관(淸凉 澄觀, 738~839)

중국 화엄종의 제4조.

절강성浙江省 월주越州 산음山陰 사람으로, 속성은 하후夏侯, 자는 대휴大休, 탑호는 묘각妙覺이다.

11세에 출가하여 계율, 삼론, 화엄, 천태, 선 등을 비롯, 내외전을 두루 수학하였다. 40세(777년) 이후 오대산 대화엄사에 머물면서 『화엄경』을 여러 차례 강설하였으며, 이를 토대로 『대방광불화엄경소』 60권, 『대방광불화엄경수소연의초』 90권을 저술하고 강의하였다. 796년에는 반야삼장의 『40권 화엄경』 번역에 참여하였고, 덕종에게 내전에서 화엄의 종지를 펼쳤다. 덕종에게 청량국사淸凉國師, 헌종에게 승통청량국사僧統淸凉國師라는 호를 받는 등 일곱 황제의 국사를 지냈다.

저서로 『화엄경주소華嚴經註疏』, 『화엄경수소연의초華嚴經隨疏演義鈔』, 『화엄경강요華嚴經綱要』, 『화엄경략의華嚴經略義』, 『법계현경法界玄鏡』, 『삼성원융관문三聖圓融觀門』 등 400여 권이 있다.

관허 수진貫虛 守眞

1971년 문성 스님을 은사로 출가, 1974년 수계, 해인사 강원과 금산사 화엄학림을 졸업하고, 운성, 운기 등 당대 강백 열 분에게 10년간 참문수학하였다.

1984년부터 수선안거 10년을 성만하고, 1993년부터 7년간 해인사 강원 강주로 학인들을 지도하였다.

대한불교조계종 교육위원, 역경위원, 교재편찬위원, 중앙종회의원, 범어사 율학승가대학원장 및 율주를 역임하였다.

현재 부산 승학산 해인정사에 주석하면서, 대한불교조계종 고시위원장, 단일계단 계단위원·존증아사리, 동명대학교 석좌교수, 동명대학교 세계선센터 선원장 등의 소임을 맡고 있다.

청량국사화엄경소초 26-사성제품

초판 1쇄 인쇄 2022년 5월 17일 | 초판 1쇄 발행 2022년 5월 27일
청량 징관 찬술 | 관허 수진 현토역주 | 펴낸이 김시열
펴낸곳 도서출판 운주사
(02832) 서울시 성북구 동소문로 67-1 성심빌딩 3층
전화 (02) 926-8361 | 팩스 0505-115-8361
ISBN 978-89-5746-684-1 94220
ISBN 978-89-5746-592-9 (총서) 값 15,000원
http://cafe.daum.net/unjubooks 〈다음카페: 도서출판 운주사〉